GITTE HÄRTER

Mehr Disziplin, bitte!

So setzen Sie endlich um, was Sie sich vorgenommen haben

Inhalt

DER WEG ZU MEHR DISZIPLIN

DIE DO'S UND DON'TS DER SELBSTDISZIPLIN

DER DISZIPLIN ENDLICH BEINE MACHEN

SELBSTDISZIPLIN – GANZ KONKRET

Der Weg zu mehr Disziplin

→ Wer kennt das nicht: Sie wollen ein Vorhaben durchziehen, ein Ziel erreichen – aber dann können Sie sich zu nichts aufraffen. Oder Sie fangen hoch motiviert an, um dann umso schneller nachzulassen. In solchen Fällen trägt nicht ein possierlicher Schweinehund die Schuld, sondern SIE haben einfach nicht durchgehalten. Das ist aber gleichzeitig die gute Nachricht, denn Sie können auch anders!

Was ist Selbstdisziplin eigentlich?

Selbstdisziplin ist die Fähigkeit, sich unter Kontrolle zu haben und bewusst etwas zu tun oder zu lassen – auch wenn körperliche oder emotionale Bedürfnisse dem entgegenstehen. In einem Wikipedia-Eintrag fand ich den Satz: »Die Selbstdisziplin ist die Beherrschung seiner selbst, die Zähmung der eigenen Triebe und Leidenschaften.« Er bringt schön auf den Punkt, warum es manchmal so verflixt schwer ist, durchzuhalten und auf Kurs zu bleiben.

Dazu kommt, dass wir Menschen Gewohnheitstiere sind. Erfahrungen und Verhalten, das wir ständig wiederholen, graben sich in unser Gehirn ein – und werden in bestimmten Situationen immer wieder aktiviert, sodass wir auf gewohnte Art und Weise reagieren. Das lässt sich positiv nutzen, um beispielsweise neue Abläufe zu lernen (das Spielen eines Musikinstruments) oder sich neue Verhaltensweisen anzutrainieren. Aber es hat auch negative Auswirkungen.

Haben Sie es sich angewöhnt, in Stresszeiten Schokolade zu futtern, weil es Ihnen dann gleich besser geht, steigt zum einen der Drang nach etwas Süßem, wenn Sie in eine entsprechende Situation kommen. Vor allem aber wird der Verzicht immer schwerer, weil in Ihrem Gehirn Schokolade mit Trost gleichgesetzt wird. Übrigens ein typischer Stolperstein bei Diäten (→ Interview auf Seite 106 f.).

Oder Sie haben eine bestimmte Situation als ganz furchtbar abgespeichert. Stellen Sie sich vor, ein kleines Mädchen tritt in einer Schulaufführung auf, rutscht aus und fällt auf den Po. Spontan lachen alle. Das Mädchen errötet und fühlt sich schrecklich. Diese Erfahrung kann dazu führen, dass es als Erwachsene alle Gelegenheiten meidet, bei denen es vor Gruppen sprechen müsste – auch wenn es sich an die betreffende Schulaufführung vielleicht gar nicht mehr erinnert. In seinem Gehirn ist abgelegt: Auftritt vor Gruppen bedeutet unangenehmes Erlebnis. Und in so einem Fall ist eine Vermeidungstaktik oft das Mittel der Wahl, um sich vor schmerzlichen Erfahrungen zu schützen.

Das Gehirn kann es uns also manchmal schwer machen, neue Vorhaben anzugehen. Es kann uns aber auch helfen: Denn es ist jederzeit offen dafür, neue Verknüpfungen zu schaffen (→ Seite 65 ff.).

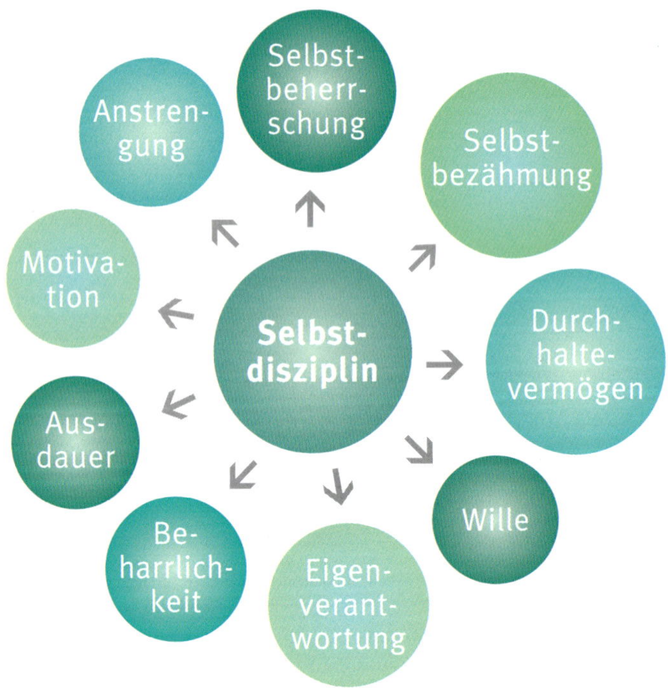

WENN VON SELBSTDISZIPLIN DIE REDE IST, FALLEN HÄUFIG DIESE BEGRIFFE

Disziplin – ein Dauerbrenner-Thema

Warum kommen Bücher und Artikel rund um Selbstdisziplin nie aus der Mode? Wieso haben Tipps Hochkonjunktur, die dabei helfen sollen, den inneren Schweinehund zu überrumpeln? Und wieso sagt so gut wie jeder (wenn nicht jeder!): »Oh ja, Selbstdisziplin. Da hapert's bei mir auch schon mal!« Drei Gründe dafür sind:

1. Das gewählte Ziel ist eigentlich gar kein richtiges Ziel: Entweder es fällt in eine halbherzige »Ich-sollte-mal«-Kategorie und teilt deshalb das Schicksal vieler Neujahrsvorsätze: Es übersteht kaum die ersten drei Wochen. Oder es ist ein Ziel, das Ihnen von außen aufgedrückt wird (»Ich finde, du solltest abnehmen.«).
2. Das Vorhaben wird absichtlich von Ihnen selbst boykottiert, um sich vor bestimmten Folgen zu schützen: Sie wollten schon immer mal ein Buch veröffentlichen, schreiben aber schon viele Jahre daran und werden einfach nicht fertig? Vielleicht steckt die Angst dahinter, Ihr Werk tatsächlich der Öffentlichkeit preiszugeben oder auch Absagen von Verlagen zu erhalten. Sie möchten sich scheiden lassen und ein eigenes Leben aufbauen, schieben diesen Schritt aber immer hinaus. Ist es tatsächlich wegen der Kinder oder haben Sie nicht auch Angst, ob Sie diesen Neustart tatsächlich hinbekommen?
3. Es wird anstrengend: Sie nehmen sich etwas vor, das Sie gerne erreichen möchten. Idealerweise informieren Sie sich, bereiten sich vor und legen sich eine Strategie zurecht. Doch selbst wenn Ziel und Vorgehen optimal und realistisch sind, hält man häufig nicht durch. Meistens verläuft ein Vorhaben, das an mangelnder Selbstdisziplin scheitert, in folgenden Schritten:

- Eine Erkenntnis (»So kann's nicht weitergehen!«, »Jetzt ist Schluss!«, »Ich nehme mein Leben selbst in die Hand!«) treibt Sie an.
- Deshalb starten Sie voller Enthusiasmus durch, je nach Anliegen reicht Ihre Motivation für die ersten ein bis zwei Wochen.

- Und dann kommt der Knackpunkt, an dem es schwierig wird: Es ist ein psychischer oder physischer Kraftaufwand nötig, mehr Wille, mehr Energie, mehr Anstrengung als erwartet. Die Motivation und das Ziel verblassen angesichts des Aufwands und, wenn es um ein längerfristiges Vorhaben geht, auch angesichts der Zeitspanne, die noch vor einem liegt, bis sich das gewünschte Ergebnis einstellt.
- Und ab da geht es bergab: Sie geben sofort auf oder werden immer nachlässiger, bis alles im Sande verläuft.

Natürlich gibt es über diese Hauptgründe für mangelndes Durchhaltevermögen hinaus zahlreiche weitere Faktoren, die einen Plan oder einen guten Vorsatz scheitern lassen können. Doch bleiben wir zunächst bei dem Faktor, der am meisten darüber entscheidet, ob man sein Vorhaben durchzieht oder es vorzeitig abbricht: der **ANSTRENGUNG**.

Stark anfangen und dann stark nachlassen?

Streng genommen stimmt es eigentlich nicht, wenn jemand behauptet, er habe keine Selbstdisziplin. Denn jeder Mensch – auch Sie! – hat sehr wohl Selbstdisziplin. Nur in der Regel fällt es Ihnen nicht auf, dass Sie etwas diszipliniert durchziehen, wenn es Ihnen Spaß macht oder leichtfällt.

Nehmen wir an, Sie haben eine neue Liebe, die Hunderte von Kilometern von Ihnen weg wohnt. Trotz knapper Kasse sparen Sie plötzlich regelmäßig genug Geld, um die Bahnfahrkarte finanzieren zu können.

Erst wenn man sich sehr schwertut oder mit typischen eigenen Mustern konfrontiert wird, ist der Punkt erreicht, an dem man mit seiner Ausdauer hadert und die Anstrengung bemerkt, die bestimmte Ziele verlangen. Zum Beispiel:

→ Sie gehen gerne joggen, aber wenn es mühsam wird, werden Sie unweigerlich lustlos und geben rasch auf.

- Sie lieben schnelle Ergebnisse und verlieren Lust und Konzentration, wenn etwas länger dauert.

Und natürlich spielt die Eigenmotivation eine sehr große Rolle: Stellt sich der Erfolg nicht im gewünschten Maße ein oder kann oder will man alleine nicht bei der Stange bleiben, kommt es zu Störquellen – und das lässt Sie vorschnell aufgeben. (Störquellen sind alle Faktoren, die von innen und außen auf Sie einwirken und Ihre Selbstdisziplin negativ beeinflussen, → Seite 54 ff.) Dazu addiert sich noch die UNZUFRIEDENHEIT. Nicht wenige Menschen schelten sich selbst und untergraben ihr Selbstbewusstsein. Mit ganz fatalen Folgen – schnell setzt ein Teufelskreis ein: Das Gefühl, »ein Versager zu sein«, »nie etwas durchzuhalten«, »schlechter zu sein als die anderen«, ist ein großer Tiefschlag für das Selbstvertrauen und wirkt sich auf die eigene Ausstrahlung, das Verhalten und auch auf andere Lebensbereiche aus. Denn wie Sie über sich selbst denken, beeinflusst ganz massiv, wie Sie durchs Leben gehen. Trauen Sie sich etwas zu, dann

- treffen Sie andere Entscheidungen,
- nutzen Sie Chancen, gehen Sie Risiken ein und erweitern Ihren Handlungsspielraum,
- fühlen Sie sich schwierigen Situationen besser gewachsen,
- sind Sie stressresistenter und meistern Herausforderungen leichter,
- sind Sie selbstzufriedener, positiver und können sich auch besser motivieren und
- nimmt Ihre Umwelt Sie selbstsicher(er) wahr und traut Ihnen ebenfalls mehr zu.

Das gesunde Maß

Vermutlich interessieren Sie besonders Tipps, um selbstdisziplinierter zu werden. Doch ein Buch mit diesem Thema spricht natürlich auch das andere Extrem von Menschen an: die Perfektionisten. Sie haben

Universitätsprofessor Dr. Sepp Porta (stresscenter@netway.at) ist Leiter des Instituts für Angewandte Stressforschung in Bad Radkersburg.

Viele Leute sagen: Ich bin gestresst, also muss ich auf die Couch und fernsehen.

Man mag es kaum glauben, aber »Couch Potatos«, die ständig vor dem Fernseher sitzen, leiden unter dem besonders belastenden Untätigkeits-Stress – selbst wenn man subjektiv glaubt, man tue sich etwas Gutes. Deshalb sind solche Entspannungen akut gut, sie sollten aber nicht zu lange dauern. Besser ist es, den Organismus immer wieder zu reizen: Der Reiz sollte kalkuliert und schaffbar sein. Wer sich regelmäßig moderat und mit Spaß bewegt – beispielsweise Rad fahren, spazieren gehen oder joggen –, baut Stress ab, hat wieder neue Energien und wird stressresistenter.

Das heißt, der Körper selbst kann stressresistenter werden?

Rein biologisch gesehen läuft im Körper bei Stress eine Menge ab, wie in meinem Buch »Gib den Stresshormonen, was sie brauchen« detailliert dargestellt. Ein wesentlicher körperlicher Faktor ist die Anzahl der Abbausysteme in den Zellen. Je besser man seine Muskeln trainiert, desto mehr Muskelzellen werden aufgebaut, desto mehr Abbausysteme entstehen– so kann Stress schneller bewältigt werden. Und man sollte sich immer neue (bewältigbare!) Reize setzen: Die Intensität von schaffbarem Stress ist – je nach Gewöhnung – höchst individuell. Was für einen Skispringer oder Fluglotsen Routine ist, ist für uns nicht leistbar, weil uns das Training fehlt. Unbewältigbarer Stress wird chronisch und ist daher schlecht. Aber schlechter Stress lässt sich durch Training und Gewöhnung in guten Stress verwandeln, indem Sie sich schaffbare Ziele setzen und mit der Zeit die Intensität steigern.

Neues und Ungewohntes – wie etwa auf fremde Menschen zuzugehen oder öfter mal Nein zu sagen – macht manchmal Angst: Wie kann man mit dem daraus resultierenden Stressgefühl umgehen?

Man neigt dazu, mit Ausreden unangenehmen, aber notwendigen Konfrontationen auszuweichen, was völlig kontraproduktiv ist. Stress ist immer die REAKTION eines Organismus auf einen Reiz, nie der Reiz selbst! Darum kann man sich durch kontinuierliches Training wappnen. Denn dann treten Situationen, die man als Stress empfindet, von Haus aus seltener auf.

Die Entscheidung zur Durchführung eines neuen Vorhabens sollte schnell und unwiderruflich getroffen werden. Sehr hilfreich ist es, die Situation vorher zu proben und dabei zu steigern, wie unangenehm die Bedingungen sind, unter denen Sie proben – alleine oder noch besser mit einem Vertrauten. So ein Trockentraining hat einen sehr guten Gewöhnungseffekt: Die bislang fremde Situation wird bekannter. Das verringert Angst und Stressgefühle. Das Üben artet im günstigen Fall in Heiterkeit aus, was der geplanten Unternehmung zusätzlich viel von ihrer Bedeutung nimmt und woran sich die Trainingsbeteiligten bei tatsächlichem Eintreten ganz ähnlicher Situationen schmunzelnd erinnern werden. Dieses Schmunzeln nimmt einer gefürchteten Situation, an die Sie sich durch das vorhergehende Durchspielen bereits angenähert haben, zusätzlich alle Schärfe, weil der Schmunzelnde immer überlegen ist.

Generell ist auch wichtig, sich nicht zu viel aufzuhalsen: So verringern Sie Zeitdruck und haben Erfolgserlebnisse! Das motiviert und stärkt außerdem das Selbstvertrauen.

In einer akuten Stresssituation hilft:

→ positiv zu denken. Ungewohnte Situationen haben schon Millionen vorher in ähnlicher Weise erfolgreich überstanden. Auch wenn Sie nur Durchschnitt sein sollten, sind die Chancen der Bewältigung so gesehen doch wirklich exzellent!

→ in einem Menschen – auch Vorgesetzten –, der Sie stresst, das kleine Kind zu sehen. Bei jedem sind noch Gesichtszüge vorhanden, die an das Kind in ihr (ihm) erinnern. Ein Kind aber schreit man weder an noch fürchtet man sich vor ihm, sondern spricht ruhig mit ihm. Und: Lachen Sie! Das verjagt Stress-Hormone und lockert auf.

ihre Selbstdisziplin so übersteigert, dass sie inzwischen regelrecht in deren Klauen hängen. Parolen wie »Durchhalten um jeden Preis«, »Was man anfängt, führt man auch zu Ende«, »Nur Versager geben auf« und extremes Leistungsstreben, das einem durch Eltern eingetrichtert wurde oder mit dem man andere Bedürfnisse kompensieren möchte, sind ganz schön belastend. Auch wenn die Umwelt in der Regel bewundernd reagiert »Was du alles machst!«, »Wie konsequent Sie sind!«, »Sie können alles schaffen!«, sieht das in der Innensicht oft ganz anders aus.

Darum gehört zu einer gesunden Selbstdisziplin das richtige Maß: abgestimmt auf Ihre Persönlichkeit, Ihre Lebenssituation und Ihr Ziele. Und idealerweise sind Sie so beweglich, dass Sie sich bei Bedarf auch mal richtig fordern und anstrengen können, in anderen Situationen aber zurückschalten und auch mal fünfe gerade sein lassen. Denn Selbstdisziplin bedeutet auch, die eigenen Möglichkeiten und das eigene Wohlbefinden immer fest im Auge zu behalten!

Die gute Nachricht für perfektionistische Menschen bedeutet: Sie verfügen in der Regel bereits über alle gewünschten Eigenschaften – Einsatz, Zähigkeit, Ausdauer, Härte gegen sich selbst und die Fähigkeit, eigene Bedürfnisse zurückstellen zu können, um nur einige zu nennen. Nun will die richtige Dosis erlernt werden. Dafür erhalten Sie in den Kapiteln 3 und 4 zahlreiche Tipps.

Wie steht's um Ihre Disziplin?

Bestimmt kennen Sie Menschen, die sehr diszipliniert sind. Eine frühere Kollegin war so ein Inbegriff an Konsequenz: Sie nahm sich vor, sich gesünder zu ernähren, und ab sofort stellte sie die tägliche Kost

VORSICHT FALLE

Die Hauruck-Mentalität

→ Ein gesundes Maß ist auch nötig, wenn es um realistische Vorhaben geht. Denn wer mit der Brechstange etwas erzwingen will, steht schnell auf verlorenem Posten. Da isst man sich über viele Jahre zehn Kilo Übergewicht an, will aber dieses Gewicht unbedingt mal eben in vier Wochen mit eiserner Disziplin und krasser Null-Diät wegbringen. Oder es steht eine Bewerbung an und das Schulenglisch soll per Intensivkurs innerhalb eines Vierteljahres auf sicheres Verhandlungs-Business-Englisch getrimmt werden. Das ist nicht nur Überforderung pur, sondern der Misserfolg ist vorprogrammiert.

auf viel Obst und Gemüse um. Sie wollte mit Sport beginnen, meldete sich noch dieselbe Woche im Fitnessstudio an und ging plötzlich dreimal pro Woche dorthin. Sie wollte ein eigenes Haus bauen und hatte schon im Teenageralter begonnen, ihr Geld zu sparen und entsprechend anzulegen. Wow! Vom Entschluss zur Umsetzung von null auf hundert, und dann dabei geblieben. Wer schafft denn so etwas?

Das zeichnet disziplinierte Menschen aus

Welche besonderen Eigenschaften haben selbstdisziplinierte Menschen? Was ist bei ihnen anders als bei jemandem, der früh das Handtuch wirft? Zentrale Eigenschaften für gute Selbstdisziplin sind:

- (Selbst-)Verantwortung übernehmen
- Eigeninitiative
- Aktivität
- Ziele und Willenskraft
- Ausdauer und Konsequenz

Ihr individuelles Eigenschaftsprofil

Machen Sie eine Standortbestimmung: Vergeben Sie 4 und 5 Punkte für alle Eigenschaften, die Sie bei sich als gut und sehr gut einschätzen. Bei allen Eigenschaften, bei denen Sie sich eher mittelmäßig (3) einschätzen oder schlechter, lohnt sich ein genauerer Blick darauf.

	5	4	3	2	1
Verantwortung übernehmen (Seite 15 f.)	○	○	○	○	○
Eigeninitiative (Seite 16 f.)	○	○	○	○	○
Aktivität	○	○	○	○	○
Willenskraft (Seite 17 f.)	○	○	○	○	○
Ausdauer (Seite 18 f.)	○	○	○	○	○
Selbstmotivation (Seite 19 f.)	○	○	○	○	○
Konzentration (Seite 20 f.)	○	○	○	○	○
Ziele haben (Seite 17 f.)	○	○	○	○	○
Prioritäten setzen (Seite 21 f.)	○	○	○	○	○
Seine Grenzen kennen	○	○	○	○	○
Seine Bedürfnisse kennen (Seite 58 f.)	○	○	○	○	○
Positiver Ausblick (Seite 23 f.)	○	○	○	○	○
Zuversicht (Seite 24 f.)	○	○	○	○	○
Konsequenz (Seite 18 f.)	○	○	○	○	○
Realistische Einschätzung (Seite 26 f.)	○	○	○	○	○
Konstruktiv selbstkritisch (Seite 27 f.)	○	○	○	○	○
Frustrationstoleranz (Seite 28)	○	○	○	○	○
Fleiß/Einsatz	○	○	○	○	○

- Selbstmotivation
- Konzentration
- Prioritäten setzen
- positiver Ausblick
- Zuversicht in die eigenen Möglichkeiten
- realistische Einschätzung
- konstruktiv-selbstkritische Haltung
- Frustrationstoleranz

Finden Sie heraus, wie es bei Ihnen um diese Eigenschaften steht und machen Sie den Test auf Seite 14. Wie schneiden Sie wohl ab?

Sehen wir uns diese wichtigen Eigenschaften einmal näher an: Was ist genau gemeint? Was gehört dazu? Wie geht ein disziplinierter Mensch vor und wie wirkt es sich bei weniger disziplinierten Menschen aus? Der differenzierte Blick hilft Ihnen, Ihre Persönlichkeit und Ihr Verhalten zu überprüfen. Außerdem können Sie jeweils in praktischen Übungen erproben, diese Eigenschaft für Ihren Alltag und Ihre Vorhaben zu trainieren.

Sie werden vielleicht verwundert feststellen, dass Ihnen die Übungen teilweise zunächst banal erscheinen. Vielleicht wundern Sie sich auch, dass das Training sich nicht unmittelbar auf ein Selbstdisziplin-Thema bezieht à la »Unterziehen Sie sich Sache X« oder »Ziehen Sie Y vier Wochen durch«. Aber die persönliche Weiterentwicklung und das Antrainieren neuer Gewohnheiten ist leichter, als Sie denken, und kann in ganz normalen Alltagssituationen – auch an Kleinigkeiten – wunderbar geübt werden. Und damit schlagen Sie Ihrem »inneren Schweinehund«, wenn Sie es denn so nennen wollen, ein Schnippchen.

(Selbst-)Verantwortung übernehmen

Ein erster großer Schritt zu mehr Selbstdisziplin ist, den eigenen Anteil an Situationen und Vorgehensweisen zu sehen. Und für das Ergebnis auch geradezustehen, also bei positivem Ergebnis den gebührenden Erfolg für sich zu verbuchen – auch vor anderen – und bei Fehlern oder Misserfolgen nicht in Rechtfertigungen oder Schuldzuweisungen zu verfallen.

BEISPIEL

Sie haben einen Vertrag in einem Fitnessstudio unterschrieben, gehen aber nicht hin. Eine typische Reaktion ist, die Schuld jetzt bei anderen zu suchen, anstatt sich an die eigene Nase zu fassen. Sie kriegen einfach den Hintern nicht hoch – sagen aber: »Ich arbeite einfach zu lange, um es abends noch zum Sport zu schaffen.« Oder: »Wenn meine Sportpartnerin nicht immer absagen würde, würde ich ja gehen!« Zu lange Anfahrtswege, ungünstige Stundenpläne … die Liste der Sündenböcke ist lang.

ÜBUNG: TRAINIEREN SIE IHRE SELBSTVERANTWORTUNG

- Sind Sie unpünktlich, weil Sie die Zeit falsch kalkuliert haben? Dann bemühen Sie nicht eine »verpasste U-Bahn«, sondern sagen Sie direkt, was los war: »Ich bin zu spät losgegangen.«
- Haben Sie einen Fehler gemacht oder etwas übersehen: Geben Sie es zu. Erfinden Sie keine Ausreden und entschuldigen Sie sich.

Eigeninitiative

Eigeninitiative ist ebenfalls ein wichtiger Faktor der Selbstdisziplin. Menschen, die mangelnde Selbstdisziplin beklagen, warten oft ab, dass andere auf sie zukommen, oder HOFFEN, dass Dinge geschehen – anstatt in eigener Sache aktiv zu werden.

BEISPIEL

Sie möchten beruflich vorankommen und warten darauf, dass Ihr Chef erkennt, welches Potenzial in Ihnen steckt, und Ihnen mehr Verantwortung und Gehalt gibt.

ÜBUNG: TRAINIEREN SIE IHRE EIGENINITIATIVE

- Sie haben einen Vorschlag, den Sie dem Chef oder Kollegen, schon immer machen wollten? Sie haben einige Kritikpunkte an einem Arbeitsprozess? Dann bringen Sie das – konstruktiv – an!
- Sie sitzen in einem Restaurant und die Bedienung kommt nicht? Holen Sie sich selbst schon mal die Speisekarte, machen Sie auf sich aufmerksam oder gehen Sie zum Zahlen nach vorne an die Theke.
- In welchen Situationen können Sie sofort mehr Eigeninitiative zeigen? Notieren Sie alles, was Ihnen einfällt.

Ziele und Willenskraft

Willenskraft, um ein Ziel zu erreichen, können Sie erst dann gezielt einsetzen, wenn Sie Ihre eigenen Bedürfnisse und Ziele tatsächlich kennen. Wenn Sie sich die richtigen Ziele setzen (→ Seite 75 ff.), sind Sie auch bereit, die nötige Energie und Zeit zu investieren. Je stärker der Wunsch, etwas Bestimmtes zu erreichen (oder zu vermeiden), ist, desto leichter fällt es, am Ball zu bleiben.

BEISPIEL

Ihr Arzt sagt Ihnen, dass Sie mit einer bestimmten Ernährungsumstellung schwere Gesundheitsprobleme verhindern können. Wenn Sie es überhaupt versuchen, wird es Ihnen vielleicht wie vielen anderen auch gehen: Mit der Zeit werden immer mehr »Ausrutscher« und Sünden Teil der neuen Ernährung. Was hier fehlt, ist die Willenskraft, an einem einmal eingeschlagenen Weg festzuhalten. Und auch das klare Ziel, warum Sie etwas tun. Nämlich nicht weil »der Arzt mir das gesagt hat«, sondern weil Sie Ihre Gesundheit erhalten wollen.

ÜBUNG: TRAINIEREN SIE IHREN WILLEN

- Loten Sie in ganz alltäglichen Situationen Ihre Bedürfnisse aus: Ihr Partner schlägt vor, ins Kino zu gehen? Möchten Sie das wirklich oder steht Ihnen der Sinn nach einem gemütlichen Abend zu Hause? Vertreten Sie diese Ansicht dann und drücken Sie es auch direkt aus: »Ich möchte heute Abend lieber daheim bleiben, weil …«, anstatt um den Brei herumzureden: »Wir könnten auch zu Hause bleiben. Ein fauler Abend wäre auch mal ganz schön.«

→ Formulieren Sie, wenn Sie etwas wirklich wollen oder es Ihnen wichtig ist, und handeln Sie danach. Das muss nicht immer etwas Konkretes wie das Erlernen einer Fremdsprache sein. Sie können auch daran arbeiten, Ihre Werte in Ihrem Leben wirklich umzusetzen. Sie sagen: »Es ist mir wichtig, dass wir Arbeitskollegen untereinander offen sind.« Das bedeutet, dass Sie tatsächlich das direkte Gespräch suchen, nicht über Dritte sprechen und bei Knatsch zwischen Kollegen daran erinnern, sich an die Person direkt zu wenden.

Ausdauer und Konsequenz

Ganz wichtig sind auch Ausdauer und Konsequenz beziehungsweise das Durchhaltevermögen, ein Vorhaben weiterzuverfolgen und auch zu Ende zu bringen. Das betrifft einzelne Situationen (Sie führen beispielsweise ein Kritikgespräch, knicken aber nach der Hälfte ein und relativieren alles wieder), aber auch länger andauernde Aktionen (für einen sportlichen Wettkampf trainieren, einen Fernkurs durchhalten, eine Sprache lernen, eine Selbstständigkeit aufbauen …). Ausdauer beweisen Sie, indem Sie nicht bei den ersten Schwierigkeiten aufhören oder immer dann, sobald Sie keine Lust mehr haben. Und Ausdauer lässt sich trainieren, indem Sie sich regelmäßig einer bestimmten Situation aussetzen, Gelerntes immer wieder praktizieren, schrittweise über die eigenen Grenzen hinausgehen und den Organismus (psychisch und physisch) an die Belastung gewöhnen.

Positive Nebeneffekte: Sie erzielen Ergebnisse, haben dadurch Erfolgserlebnisse, werden stressresistenter, trainieren nötige Fertigkeiten, Situationen fallen Ihnen leichter und Ihr Selbstbewusstsein profitiert.

1

BEISPIEL

Sie möchten gerne den Winterspeck loswerden und verordnen sich eine Süßigkeiten-Sperre für vier Wochen. Sobald die erste Lust auf Süßes kommt, knicken Sie allerdings ein (»Nur das eine Mal! Morgen fange ich dann richtig an.«). Mit der Zeit gibt es immer mehr Regelbrüche, bis Sie das Vorhaben dann als unerfüllbar ad acta legen.

ÜBUNG: TRAINIEREN SIE IHRE AUSDAUER

- Sobald Sie bei einer Tätigkeit den Impuls verspüren, etwas vorzeitig abzubrechen, widerstehen Sie und ziehen Sie es weiter durch. Sie starten beispielsweise mit der Ablage, haben aber mittendrin keine Lust mehr. Machen Sie es trotzdem zu Ende!
- Handeln Sie nach dem Motto »Einer geht noch!«: Halten Sie eine Minute länger durch, einen weiteren Tag ohne Süßigkeiten, machen Sie einen ungeliebten Anruf mehr …

Selbstmotivation

Verschaffen Sie sich Spaß und Erfolgserlebnisse, um auf Kurs zu bleiben und sich aufzubauen, wenn Sie

- niedergeschlagen sind,
- einen schlechten Tag haben,
- das Vorhaben nicht so recht vorangeht oder Sie zurückgeworfen werden (→ Frustrationstoleranz, Seite 28).

Wer sich selbst motivieren kann, hat ein wirksames Pfand gegen Anstrengung und Resignation in der Hand und kann auch langfristige Vorhaben besser meistern.

Für die Selbstmotivation sind die eigene Grundhaltung sowie ein attraktives und erreichbares Ziel wichtig. Es gilt, seine inneren »Antreiber« zu kennen und zu nutzen. Selbstmotivation erreichen Sie durch die unterschiedlichsten Faktoren und Vorgehensweisen (hilfreiche Motivationsmethoden finden Sie ab → Seite 85 ff.).

BEISPIEL

Um Ihre Chancen auf dem Arbeitsmarkt zu vergrößern, haben Sie einen Fernlehrgang begonnen. Nun wird Ihnen das abendliche Lernen zunehmend zu viel neben Ihrem Job und den anderen alltäglichen Pflichten und Sie verlieren stark die Lust darauf.

ÜBUNG: TRAINIEREN SIE IHRE SELBSTMOTIVATION

- Packen Sie ungeliebte Aufgaben gezielt an. Reden Sie sich gut zu und finden Sie Wege, sich die Aufgabe so angenehm wie möglich zu machen. Suchen Sie außerdem positive Aspekte dieser bislang ungeliebten Sache. Seien Sie kreativ und erleben Sie während des Ausführens ganz bewusst, wie es Ihnen damit geht!
- Achten Sie bei allen Dingen, die Sie gerne machen und die Ihnen leichtfallen, darauf, warum das so ist. Sprechen Sie diese Gründe laut aus und schreiben Sie sie auf: So kommen Sie Ihren ganz persönlichen Motivationsfaktoren endlich auf die Schliche und können diese auch auf andere Situationen übertragen.

Konzentration

Menschen mit hoher Selbstdisziplin lassen sich auf die im Moment anstehende Situation oder Tätigkeit voll ein. Sie sind wirklich vollkommen im Hier und Jetzt und können die Aufmerksamkeit ganz auf eine Sache richten.

Wenn Sie diesem Beispiel folgen, vermeiden Sie Überlastung und Zerstreuung und erleben Ihren Einsatz und Ihre Fortschritte intensiv.

Außerdem ist Konzentration ein Garant für effektiveres Vorgehen: Je nach Anliegen werden Sie schneller fertig. Das merken Sie zum Beispiel, wenn Sie einen Stapel Ablage konzentriert und ungestört wegarbeiten. Beim konzentrierten Arbeiten sind Sie auch geistig weniger angestrengt. Denn das Gehirn verfügt zwar über eine Multitaskingfähigkeit, die Belastung ist jedoch höher, wenn Sie mehrere Dinge gleichzeitig machen, und die Gesamtleistung wird beeinträchtigt – genau wie bei einem Computer, bei dem mehrere Programme gleichzeitig laufen. Schließlich steigt die Qualität dessen, woran Sie arbeiten, denn Sie haben einfach einen besseren Überblick, genügend Aufmerksamkeit auch für Details und es gibt weniger Fehlerquellen.

BEISPIEL

Sie haben sich vorgenommen, Ihren Haushalt zu erledigen. Da es so viel zu tun gibt, machen Sie die meisten Aufgaben nur zur Hälfte, dann fällt Ihnen etwas anderes ein, das dringender ist. Sie nehmen hier mal was in die Hand und mal da. Als Sie die Wäsche machen möchten, bemerken Sie, dass Sie vergessen haben, Waschpulver zu kaufen …

ÜBUNG: TRAINIEREN SIE IHRE KONZENTRATIONSFÄHIGKEIT

- → Fokussieren Sie sich auf eine einzige Aufgabe und widmen Sie sich dieser einen Sache. Schalten Sie für diese Zeit alle anderen Störungen ab beziehungsweise aus – kein Radio im Hintergrund; sagen Sie den Kollegen, Sie möchten während dieser Viertel- oder halben Stunde nicht gestört werden; checken Sie nicht zwischendrin Ihre E-Mails und essen Sie nicht nebenbei.
- → Trainieren Sie Ihre Konzentration bei Wartezeiten, indem Sie sich auf eine Sache einlassen: Wie genau sieht das Bild an der Wand aus? Was ist alles darauf abgebildet? Was hat sich der Maler wohl gedacht? Oder: Wie sind die Arbeitsabläufe in der Kneipe oder bei der Post hinter der Theke? Stellen Sie sich vor, Sie wären Zeuge bei der Polizei und müssten über jedes Detail nachher genau Auskunft geben.

Prioritäten setzen

Selbstdisziplin bedeutet, seine Bedürfnisse dem angestrebten Ziel unterordnen zu können. Wenn Sie gerne 20 Kilogramm Übergewicht loswerden möchten, können Sie nicht genauso weitermachen wie bisher, sondern müssen in puncto Ernährung und Bewegung etwas verändern. Natürlich ist das, vor allem zu Beginn, anstrengend und macht nicht besonders viel Spaß. Klare Priorität haben jedoch die Ziele: leichter zu werden, sich wohler zu fühlen, ein besseres Selbstbild zu bekommen und sich, nicht zuletzt aufgrund der dann bewiesenen Disziplin, noch selbstsicherer zu fühlen.

Prioritäten setzen heißt aber natürlich auch, andere Menschen oder Lebensbereiche neu einzuordnen und die sich daraus ergebenden Konsequenzen zu tragen. Möchten Sie eine Karrierechance wahrnehmen und für Ihre Firma für ein halbes Jahr ins Ausland gehen, müssen Sie zwangsläufig bei Ihrem Privatleben etwas zurückstecken.

Wenn Sie ein Vorhaben planen, ist daher die Priorität ein ganz wichtiger Faktor. Könnten wir in Ihrem Leben auf »Pause« drücken, ergäbe sich ein ganz spezifischer Status Quo. Ihr Alltag ist gefüllt – durch Beruf, Freunde und Familie, Hobbys und durch Ihre Gewohnheiten. Damit sind Sie mehr oder weniger ausgelastet. Bisher haben Sie bei neuen Plänen diesen aktuellen Stand genommen und einfach noch obendrauf gepackt, was Sie zusätzlich erreichen wollen. Dabei ist Ihre Zeit, Ihr Geld und Ihre Energie doch schon zu 100 Prozent verplant!

Was passiert? Meistens nicht viel, weil das Vorhaben nur ein Vorsatz bleibt und im Alltag sofort versandet. Oder aber es kommt zu Unzufriedenheit oder Druck. Dabei spielt es noch nicht einmal eine Rolle, was Sie sich vorgenommen haben. Es können Kleinigkeiten sein und es können sogar Dinge sein, die Sie »eigentlich« gut finden und gerne erreichen möchten. Wenn Sie Ihr Leben für dieses Ziel nicht neu ordnen und das neue Vorhaben geplant in Ihr Leben eingliedern, stellen Sie Ihrer Selbstdisziplin von vornherein ein Bein.

BEISPIEL

Obwohl Sie viel zu tun haben, belegen Sie einen Malkurs. Der wird Ihnen schnell zu viel, und Sie gehen nur noch widerwillig hin.

ÜBUNG: TRAINIEREN SIE, PRIORITÄTEN ZU SETZEN

- Im Alltag kollidieren manchmal Dinge: Weil sich am selben Termin zwei Freizeitmöglichkeiten anbieten, die Sie beide gern wahrnehmen würden. Weil Sie sich einen Pulli für 50 Euro kaufen möchten, jetzt aber gleich zwei sehen, die Ihnen sehr gut gefallen … Setzen Sie in derlei Entscheidungssituationen klare Prioritäten und machen Sie sich die Gründe dafür bewusst! Aufgepasst: Prioritäten zu setzen bedeutet nicht, alles tun zu wollen! Auch wenn Sie sich beispielsweise beide Pullis zur Not leisten könnten, entscheiden Sie sich klar für einen und verzichten Sie auf den anderen.
- Begründen Sie Ihre Prioritäten vor anderen. Ihre Freundin möchte abends mit Ihnen essen gehen, Ihnen ist es aber wichtiger, heute Abend Ihre Lieblingsserie im Fernsehen anzusehen. Dann sagen Sie das auch. Achten Sie aber darauf, Ihre Prioritäten so zu vertreten, dass die betroffene Person erkennt, was Ihnen wichtig ist, doch natürlich ohne sich zurückgesetzt zu fühlen. Lernen Sie, Ihre Gründe auch offen zu benennen, anstatt sich hinter Ausreden zu verstecken (»Ich sage einfach, dass ich Bauchweh habe.«).
- Wenn Sie Ihre Prioritäten gründlich überdenken und dabei erkennen, dass diese doch nicht ganz und gar stimmig sind (etwa, weil Sie den Fernseher einer Freundin vorziehen und das bei näherer Betrachtung selbst nicht mehr wirklich gut finden), dann verändern Sie Ihre Entscheidung ganz bewusst und setzen Sie die Prioritäten nach dieser Erkenntnis neu.

Positiver Ausblick

Disziplinierte Menschen sind davon überzeugt, dass ihre Vorhaben machbar sind. Treten Schwierigkeiten auf, gehen sie mit einer konstruktiven Betrachtungsweise an die Lösung heran und führen sich die Bandbreite ihrer Möglichkeiten vor Augen. Und sie haben eine positive Einstellung zu sich selbst.

BEISPIEL

Sie haben fleißig Sport getrieben und sich für einen Wettkampf angemeldet. Hier erreichen Sie Ihr Ziel leider überhaupt nicht, obwohl Sie sich gut vorbereitet hatten und beim Training sehr erfolgreich waren. Enttäuscht zu sein ist in Ordnung. Aber bei vielen folgt auf so eine Schlappe Resignation (»Ich nehme nie wieder an einem Wettkampf teil!«) und Selbstsabotage (»Ich bin ein Loser. In dem Moment, wo es drauf ankommt, versage ich! Ich hänge diesen blöden Sport an den Nagel.«). Gern werden auch die Umstände oder andere Menschen bemüht, die getrickst haben oder sowieso an allem schuld sind.

ÜBUNG: TRAINIEREN SIE IHRE POSITIVE EINSTELLUNG

- Beruflich steht eine Veränderung an (ein neuer Kollege, eine neue Aufgabe, der Chef wechselt, es gibt eine Fusion ...). Anstatt kritisch oder negativ zu spekulieren, gehen Sie positiv an die Sache heran. Was bietet die Veränderung denn an Gutem? Welche Chancen können sich daraus ergeben? Was können Sie und andere betroffene Kollegen dafür tun, dass die Veränderung vorteilhaft über die Bühne geht?
- Wenn Sie merken, dass Sie negativ über sich denken (»Ich Blödmann habe diesen Fehler übersehen!«, »Ich bin so ein Tollpatsch!«) oder situationsbezogen schwarzmalen (»Der Chef hat mich um ein Gespräch gebeten, bestimmt will er mich maßregeln!«, »Ich habe ein Bewerbungsgespräch – das wird eine Katastrophe!«), korrigieren Sie sich auf sachliche oder positive Art. Setzen Sie sich mit den Fakten auseinander: Was ist vorgefallen? Was missfällt Ihnen? Wie können Sie sich/die Situation verbessern und daraus lernen?

Zuversicht in die eigenen Möglichkeiten

Zuversicht in sich zu haben bedeutet nicht, dass Sie alles können oder überzogen von sich eingenommen sind, sondern es geht darum, hinter sich zu stehen (»Das krieg ich schon hin!«) und auf sich zu vertrauen. Dazu ist es nötig, die eigenen Stärken zu (er)kennen, aber natürlich auch seine Schwachstellen und Grenzen (mehr zum Thema »Selbstbild« finden Sie ab → Seite 57).

BEISPIEL

Ihr Chef hat gefragt, ob Sie ins Eventmanagement wechseln möchten. Eine Aufgabe, die es unter anderem mit sich bringt, die Firma auf Kundensymposien vertreten zu müssen. Sie möchten diesen Posten wirklich gerne übernehmen und sind fachlich auch dafür qualifiziert. Aber Sie sind nicht gerade ein geborener Redner. Wie reagieren Sie? Sagen Sie die Position ab? Oder besinnen Sie sich auf die Herausforderungen, die Sie schon gemeistert haben, und nehmen das Angebot an? Und wie geht es dann weiter: Buchen Sie einen Rhetorikkurs oder versuchen Sie, sich durchzumogeln?

ÜBUNG: ARBEITEN SIE AN IHRER ZUVERSICHT

- Denken Sie nach und finden Sie die für Sie schwierigste Sache Ihres bisherigen Lebens, die Sie gemeistert haben, obwohl sie Ihnen damals sehr stressig und zu schwer vorkam, zum Beispiel die Führerscheinprüfung. Kommen Sie nun in eine schwierige aktuelle Situation, halten Sie sich diese alte Hürde, die Sie erfolgreich durch Ihre Eigenleistung gemeistert haben, vor Augen.
- Reden Sie sich innerlich gut zu: »Jetzt rufe ich diesen schwierigen Kunden an und werde ruhig und bestimmt sagen, was ich mir vorher gründlich überlegt habe.«, »Beim nächsten Einkauf werde ich selbstbewusst nach einem Preisnachlass fragen.«
- Trauen Sie sich etwas nicht zu, hinterfragen Sie Ihr Problem und konkretisieren Sie, worin Ihre Zweifel bestehen. Analysieren Sie diese mangelnde Zuversicht und relativieren Sie überzogene Selbstzweifel beziehungsweise halten Sie andere vorhandene Stärken dagegen, die Ihnen dabei helfen, die Schwachstellen auszugleichen.

Realistische Einschätzung

Nur wenn Ziele auch erreichbar sind, können Sie durchhalten. Unrealistische Ziele oder eine persönliche Selbstüberschätzung sabotieren hingegen jedes Vorhaben. Wenn Sie bisher nur Freizeitjogger sind, können Sie nicht in zwei Monaten einen Marathon laufen. Ohne Fachkenntnisse ein Restaurant zu eröffnen verurteilt das Ziel fast von vornherein zum Scheitern und kann auch problematische weitere Konsequenzen nach sich ziehen (angeknackstes Selbstbewusstsein, Frust, Schulden …). Eine realistische Einschätzung bedeutet auch, seine Grenzen zu kennen und zu respektieren.

BEISPIEL

Sie müssen sich dringend in eine neue Sache einarbeiten. Sie bitten bei Ihren anderen Projekten um einen Aufschub – um dann festzustellen, dass Sie die benötigte Zeit in beiden Fällen völlig verkalkuliert haben.

ÜBUNG: SCHÄTZEN SIE DINGE REALISTISCH EIN

- Schulen Sie Ihre Einschätzungsfähigkeiten, indem Sie alle Facetten einer Aufgabe und Ihre eigenen Ressourcen (Fähigkeiten und Zeit) konkretisieren: Sie glauben, dass Sie für Tätigkeit X nur eine halbe Stunde brauchen? Wie begründen Sie diese Schätzung: Was genau ist zu tun? In welcher Reihenfolge? Sind andere Personen beteiligt, die die zeitliche Einschätzung beeinflussen? Haben Sie alle Kenntnisse und Fähigkeiten, um die Sache zügig durchzuziehen? Wie sieht es mit anderen Aufgaben aus, die anfallen könnten? Was ist mit Störungen?
- Halten Sie Rückschau und machen Sie sich Ihre eigenen Anstrengungen, Entwicklungsstufen und die Zeiträume bewusst, die Sie jeweils gebraucht haben, um ein bestimmtes Vorhaben erfolgreich zu realisieren oder eine Fähigkeit zu erlernen.
- Befragen Sie andere Menschen, die etwas sehr gut beherrschen oder

die etwas Größeres erreicht haben, wie der Weg zu diesem Ziel konkret verlaufen ist. So können Sie den nötigen Einsatz nachvollziehen und in Ihren Erfahrungsschatz einordnen.

Konstruktiv-selbstkritische Einstellung

Die Fähigkeit und die Bereitschaft, sich selbst stetig zu hinterfragen – und zwar auf konstruktive Weise! –, ist elementar für die persönliche Weiterentwicklung. Gerade wenn Sie bei einem Vorhaben einen Hänger oder wieder einmal etwas abgebrochen haben, spielt das Verhalten Ihnen selbst gegenüber eine große Rolle. Denn nun entscheidet sich, ob Sie sich aufbauen, gut zu sich und mit sich sind – aber sich auch an die eigene Nase fassen (→ (Selbst-)Verantwortung, Seite 15f.). Oder ob Sie sich herunterputzen, selbst demotivieren und das eigene Selbstbewusstsein schädigen.

BEISPIEL

Sie wollten gerne abnehmen, aber schon nach zwei Tagen essen Sie wieder zu viel und das Falsche. Sie hadern mit sich: »Nie halte ich etwas durch!«, und verfallen in Resignation: »Das hat alles keinen Sinn. Ich muss mich damit abfinden, dass ich so dick bleibe.«

ÜBUNG: TRAINIEREN SIE IHRE FÄHIGKEIT ZU KONSTRUKTIVER SELBSTKRITIK

- Ertappen Sie sich bei Pauschalaussagen (»Nie mache ich …«, »Das bringt alles nichts.«, »Ich bin unfähig.«) und bei schwammigen Formulierungen (»Das war schlecht.«, »Das hätte ich besser wissen müssen!«). Begründen Sie diese auch vor sich selbst: Was genau war nicht gut? Wie hätten Sie es besser machen können? Was lernen Sie daraus?
- Achten Sie darauf, immer so mit Ihnen selbst zu reden, wie Sie das auch von anderen erwarten. Gehen Sie mit sich selbst immer respektvoll und lösungsorientiert um – auch in »Selbstgesprächen«!

- Wenn Sie mit jemand anderem aneinandergeraten oder sich über jemanden ärgern, dann halten Sie inne und machen Sie sich Ihren eigenen Anteil an der Sache bewusst. Nutzen Sie außerdem den sogenannten »Perspektivenwechsel« und versetzen Sie sich in die andere Person: Wie ist deren Sicht der Dinge? Wie sieht diese Ihre Haltung? Wie wirken Sie nach außen?

Frustrationstoleranz

Werden eigene Erwartungen oder Ziele nicht erfüllt, läuft es nicht so, wie Sie das gerne hätten, stellt sich oft Frust ein. Dieser entlädt sich in Emotionen, zum Beispiel in Ungeduld, Aggression/Wut oder Mutlosigkeit/deprimierter Stimmung. Die individuelle Frustrationstoleranz bestimmt, wie gut jeder die eigenen Bedürfnisse aufschieben und mit Enttäuschungen, Rückschlägen und Misserfolgen umgehen kann. Besonders bei längerfristigen Vorhaben, bei denen sich Erfolge nicht so schnell zeigen, ist eine gute Portion Durchhaltevermögen ein wichtiger Schutz gegen Frust. Ohne das richtige Maß an Frustrationstoleranz steht das Vorhaben schnell auf der Kippe.

BEISPIEL

Sie lernen eine Fremdsprache, aber bemerken, dass Sie die Grammatik schlicht nicht in Ihren Kopf bekommen und auch große Hemmungen beim Sprechen haben. Wütend wollen Sie alles hinschmeißen.

ÜBUNG: TRAINIEREN SIE IHRE FRUSTRATIONSTOLERANZ

- Wenn Sie merken, dass Sie frustriert sind, halten Sie inne und machen Sie sich bewusst, was genau Sie frustriert und warum.
- Fragen Sie sich: Was würde mir jetzt gut tun? Wie kann ich mich gedanklich wieder auf die Spur bringen? Was motiviert mich?
- Seien Sie kreativ: Welchen anderen Weg gibt es, zum Ziel zu kommen beziehungsweise an der Tätigkeit dranzubleiben?

Dr. Markos Maragkos (maragkos@psy.uni-muenchen.de) ist Diplom-Psychologe und wissenschaftlicher Assistent an der Ludwig-Maximilians-Universität in München.

Eine große Gefahr für die Selbstdisziplin ist der Frust, der unweigerlich aufkommt, wenn etwas nicht klappt. Aber kann man sagen, dass Frust nur schlecht ist?

In der Psychologie versuchen wir es zu vermeiden, mit »gut« oder »schlecht« zu bewerten, denn alles hat seinen Sinn – auch Frust. Frustration entsteht, wenn eine Handlung unterbrochen wird, bevor sie beendet ist. Frust zeigt an, dass die Strategie, mit der ich an eine Sache herangegangen bin, nicht funktioniert hat. Nun kann ich entweder aufgeben oder ich überlege mir, was ich verändern kann, um zum Ziel zu kommen.

Warum gehen Leute so unterschiedlich mit Frust um?

Vereinfacht ausgedrückt ist es eine Sache der Persönlichkeit, des angelegten Temperaments und natürlich auch der jeweiligen Erfahrungen: Wie hat man gelernt, mit Frust umzugehen? Es gibt zwei hauptsächliche Reaktionen auf Frust: die emotionsorientierte und die aufgabenorientierte Herangehensweise. Ein Beispiel: Ihnen fällt ein Glas herunter. Sie ärgern sich und innerlich laufen Gedanken ab wie: »Immer fällt mir alles runter! Ich bin so ein Tollpatsch!« Taktisch besser ist es, aufgabenorientiert heranzugehen: »Ich hole mir einen Besen und kehre die Glasscherben auf.« Die meisten Menschen reagieren zunächst mal emotional. Der Unterschied ist: Einige bleiben in ihren Emotionen hängen, andere aber nicht und tun stattdessen etwas.

Was kann ich machen, wenn ich mich in meinem Frust verstrickt habe?

Nehmen wir an, jemand ist immer gleich auf 180. Wenn ich also weiß, ich bin nicht so cool und rege mich schnell auf, dann kann ich mir eine Strategie vornehmen. Etwa die, in so einer Situation einen Schritt zurückzutun: innerlich STOPP zu sagen, auszuatmen und sachlich die Situation und ihre Auswirkungen zu prüfen, anstatt in der

Gedankenmühle zu verharren. Anfangs wird einem das nicht leichtfallen, bis man sich daran gewöhnt hat. Und es ist sehr wahrscheinlich, dass dieser innerliche Stopp die erste Zeit zu spät kommt. Aber je öfter man das übt, desto besser kann man es.

Außerdem kann ich den innerlichen Blickwinkel wechseln, zum Beispiel mit der inneren Stimme in Kontakt treten. Habe ich beispielsweise als Kind immer gehört, ich sei dumm, und sehe auch im Erwachsenenalter Missgeschicke als Beweis für meine »Dummheit«, kann ich das hinterfragen: »Wer hat das zu mir gesagt? Was hatte diese Person davon? Wann habe ich ›Ja‹ dazu gesagt?« Und vor allen Dingen: »Gilt das noch?« Ich kann also mit Erwachsenenlogik solche Überzeugungen, die man teilweise schon seit der Kindheit mit sich herumschleppt, überprüfen und neu bewerten.

Wie kann man an seiner Frustrationstoleranz arbeiten?

Zunächst einmal ist sehr wichtig, wohlwollend mit sich selbst umgehen, also sich auch generell gut um sich selbst zu kümmern.

Wenn ich immer wieder an einer bestimmten Sache scheitere, ist es sinnvoll, sich zu fragen: Was will mir das sagen? Bin ich beispielsweise jemand, der nie etwas durchhält – keinen Job, keine Beziehung –, dann ist interessant, was dahintersteckt: Warum ist das so und nicht anders? Was habe ich davon? Woher habe ich das?

Auf diese Weise kommt man von den Symptomen an die Wurzel. Hält jemand beispielsweise nie eine Beziehung durch, weil ihm nach drei Monaten der neue Partner »langweilig« wird, steckt dahinter ja nicht einfach »Langeweile«. Vielleicht wiederholt man ein Muster der Eltern, vielleicht hat man Angst vor fester Bindung. Erkennt man seine Vorgehensweisen und Motive, kann man sich mitteilen.

Ich kann mit meinem neuen Partner darüber sprechen, dass ich mich meist nach drei Monaten zurückziehe, dass ich das aber nicht möchte, weil mir die Person sehr wichtig ist. Durch dieses Mitteilen ist schon mal noch jemand beteiligt, was es schwerer macht, in die alte Verhaltensweise zurückzufallen.

Training für den Ernstfall

Integrieren Sie die kleinen Übungen dieses Kapitels in Ihren Alltag. So haben Sie bereits ein tragfähiges Gerüst, wenn Sie im nächsten Schritt ein Vorhaben, das Ihnen am Herzen liegt, angehen.

Bevor es so weit ist, wollen wir Ihnen aber gemeinsam erst einmal etwas auf den Zahn fühlen, um herauszufinden, wie es um Ihre Selbstdisziplin überhaupt steht.

Lernen Sie sich selbst kennen

Mögen Sie Schokolade? Ich liebe Schokolade! Seit ich klein bin, heißt es für mich: Alles oder nichts. Geben Sie mir eine Tafel Schokolade, und ich werde sie sofort bis auf den letzten Krümel verputzen. Geben Sie mir zehn Tafeln Schokolade, und es passiert dasselbe! Wenn Sie ähnlich gestrickt sind, nicken Sie jetzt wissend. Gehören Sie aber zu den Genießern, die sich bei Süß-Hunger an einem kleinen Stückchen Schokolade erfreuen, schüttelt es Sie bei dem Gedanken, sich so vollzustopfen. Genau wegen solcher Eigenarten ist es wichtig, die eigene Persönlichkeit genau zu kennen. Denn dann können Sie wirklich passende Taktiken und Strategien auswählen, die Ihrer Selbstdisziplin auf die Sprünge helfen.

Deshalb habe ich hier einige Persönlichkeitstypen zusammengestellt. Die meisten Menschen sind Mischtypen – vermutlich können Sie beim Lesen der Profile eine Verquickung von zwei oder mehr Grundmustern bei sich erkennen.

Die Welle

Dieser Persönlichkeitstyp ist sehr begeisterungsfähig und geht mit Feuer und Flamme jedes Vorhaben an. Heißt sein neues Unterfangen »Ich beginne jetzt mit dem Joggen!«, wirft sich der Wellentyp gleich in die Turnschuhe und legt los oder deckt sich mit einer exzellenten Rundum-Ausrüstung ein. Er informiert sich, ist wild entschlossen. Startet voller Elan. Erzählt allen, die er kennt, was er jetzt tut und wie toll das alles ist. Aber nach ein oder zwei Wochen ist das Strohfeuer vorüber. Die Aktivität lässt rapide nach oder stoppt von heute auf morgen. Und nach dem Motto »Was kümmert mich mein Geschwätz von gestern?« ist alles vorbei … Bis zur nächsten Welle.

Wellenförmige Typen kommen selbst oftmals sehr gut mit diesem Prinzip zurecht. Das heißt nicht, dass sie zufrieden damit sind, denn es frustriert ganz schön, wenn man kaum etwas so lange durchhält, dass sich auch Erfolge einstellen können. Aber sie kennen dieses Auf und Ab meist schon ihr ganzes Leben. Schwieriger ist es für die Umwelt: Die reagiert irgendwann genervt und nimmt diese Menschen nicht mehr ernst. Das kann im Extremfall die unschöne Nebenwirkung haben, dass man als Schwätzer abgestempelt wird. Und das ist für »die Welle« doppelt frustrierend. Denn selbst meint sie es ja wirklich und von ganzem Herzen ernst – so lange die Begeisterungswelle oben ist.

Die Konstante

Während die Begeisterung des Wellen-Typs wie die Ausschläge eines EKGs aussehen, so verlaufen Pläne und Projekte beim konstanten Typ geradlinig, ohne stärkere Abweichungen nach oben oder unten. Hinter jedem Vorhaben stecken meistens gute Überlegung und Planung. Diese Menschen posaunen nicht heraus, was sie tun, sondern testen oft vorher nur für sich, was sie als Nächstes angehen werden. Wenn sie etwas machen, dann gehen sie beständig Schritt für Schritt vor, aber übertreiben es nicht.

Konstante Typen sind oft etwas konservativer und zurückhaltender in ihren Vorhaben. Sie mögen es nicht, etwas anzufangen und dann wieder aufzuhören, weil sie das für sich als frustrierend oder sogar als Misserfolg erleben würden.

Das Gute ist, dass der konstante Typ bei dem, was er sich vornimmt, in der Regel am Ball bleibt und niemals sofort aufgeben würde. Hinderlich kann jedoch sein, dass er wenig ausprobiert und einen Kurswechsel, wenn überhaupt, dann oft erst sehr spät in Erwägung zieht. Selbst dann, wenn schon länger klar ist, dass die Entscheidung doch falsch war. Außerdem kann es sehr hilfreich sein, die Umwelt unterstützend mit ins Boot zu holen (→ Seite 61 ff.).

Der Ausbrüter

Von der Idee bis zur Umsetzung vergeht in der Regel eine lange Zeit. Denn der Plan will gut durchdacht sein. Der ausbrütende Typ informiert sich, liest Bücher ohne Ende, unterhält sich mit anderen, stöbert im Internet. Er will gewappnet sein und sich nur auf wirklich reflektierte Vorhaben einlassen.

Die Gefahr ist, dass er sich in der Theorie verliert und nichts auf die Beine stellt. Das ist zum einen eine Frustquelle und führt zum anderen auch dazu, dass dieser Typ Chancen vergibt. Außerdem kippt die Bewunderung der Umwelt schnell um ins Gegenteil. Menschen, die durchdacht an alles herangehen und sich immer zielgerichtet informieren, werden als überlegt und strategisch klug angesehen. Aber die Wertschätzung verschwindet, wenn man merkt, dass hier außer Theorie und Drüberreden nichts passiert.

Ausbrütende Typen, die sich selbst richtig einschätzen, kommen gut damit klar, dass sie sich vor dem Schritt in ein neues Vorhaben einfach gründlich informieren und dadurch gewappnet fühlen wollen. Doch sie müssen sich darauf konzentrieren, das richtige Maß zu finden. Denn viele Ausbrüter-Typen kennen schon längst die Lösung ihres Problems. Sie wissen, wie gesunde Ernährung aussieht, sie haben sich gründlich darüber informiert, wie sie Grenzen setzen **KÖNNTEN**, sie wissen, was für eine Existenzgründung nötig wäre, oder sie haben sich im Kopf schon hundert Mal von ihrem Partner getrennt, denn das

Bücherregal biegt sich unter all der hilfreichen Literatur. Doch ohne das TUN wird sich nichts wirklich verändern. Denn Wissen und Information will angewendet werden.

Der Ganz-oder-gar-nicht-Typ

Menschen, die alles zu 100 Prozent machen, überlegen sich genau, was sie tun. Und dann machen sie es. Oder lassen es ganz bleiben. Das unterschwellige Motto ist »Wenn ich etwas mache, dann mache ich es richtig!«. Der Weg zur Entscheidung selbst verläuft bei diesem Typ unterschiedlich: Die Entscheidung kann spontan sein, oder es kann eine Zeit des Ausbrütens vorangegangen sein.

Und auch bei diesem Typ kommt es auf den Mix an: Mit gesundem Ehrgeiz gekoppelt ist dieser Typ der Traum in puncto Selbstdisziplin. Denn da entschließt sich jemand für ein Vorhaben und zieht es dann auch durch. Aber leider finden sich bei diesem Typ sehr häufig die Perfektionisten. Und dann wird neben der bewundernswerten Durchzieh-Mentalität sehr schnell eine Verbissenheit sichtbar, aus der sich perfektionistisch veranlagte Menschen oft selbst nicht befreien können. Das Ziel wird anvisiert und auch unter Qualen und mangelnder Lebensqualität durchgezogen. Auch aus Angst davor, was andere sagen würden. Ein Mensch dieses Typs, der sich vorgenommen hat, einen Marathon zu laufen, würde das selbst dann tun, wenn er eine totale Abneigung gegen das Laufen empfindet. Er hat es sich schließlich vorgenommen und aufgeben gibt es nicht!

Ihr Typ bestimmt Ihre Selbstdisziplin

Wenn Sie Ihre Grundmuster kennen, können Sie damit arbeiten und sich auf Kurs halten. Wenn Sie beispielsweise wissen, dass Sie ein Wellentyp sind, sind Sie gewappnet. Denn dann rechnen Sie schon damit, dass just in dem Moment, wenn Sie auf der Begeisterungswelle surfen, ein drastischer Abfall an Motivation und Schwung einsetzt. Und dieses Wissen sollten Sie auch praktisch einsetzen! Überlegen Sie sich vorher Gegenstrategien für Ihren speziellen (Misch-)Typ. Tipps dazu finden Sie in den Kapiteln 3 und 4.

Jeder – auch Sie – kann disziplinierter werden. Dann können Sie ein aktuelles Anliegen durchhalten und auch generell mehr Selbstkontrolle und Selbstdisziplin haben. Aber das erfordert Training! Wer bislang zum Aufgeben neigt, wenn es unbequem wird, der darf nicht gleich beim ersten Misserfolg die Flügel hängen lassen, sondern muss über die bisherige Grenze hinweg – und wenn es nur ein kleiner Schritt ist. Je mehr Sie das üben, desto ausdauernder werden Sie mit der Zeit.

So beugen Sie Durchhängern vor

Bei jedem Vorhaben werden Sie an einen Punkt kommen, an dem Ihnen die Luft ausgeht. Das lässt sich nicht komplett vermeiden, auch wenn Sie sich das richtige Ziel ausgesucht haben und wirklich motiviert sind. Früher oder später droht Ihnen einfach das bekannte »Schlappmachen«. Und obwohl das jeder Mensch weiß, gehen wir doch jedes Ziel erst einmal unvorbereitet an und wundern uns dann, wenn wieder ein Vorhaben nicht gelingt. Dabei können Sie Durchhängern aktiv begegnen.

Welcher Typ sind Sie – eher eine »Welle« oder eine »Konstante«? Ein »Ausbrüter« oder ein »Ganz-oder-gar-nicht«-Typ? Je nach persönlicher Herangehensweise ergeben sich daraus Ihre »Durchhängemuster«, denen Sie vorbeugen können.

Nehmen wir an, Sie sind jemand, der sich vorschnell in ein Unterfangen stürzt und sich wahnsinnig übernimmt, weil er von null auf hundert aufdreht und in unrealistisch kurzen Zeiträumen Ergebnisse erwartet. Sie können sich selbst bremsen, einen Gang herunterschalten und besonnener planen – indem Sie sich zunächst absichtlich kleinere Schritte vornehmen und diese erst etablieren, bevor Sie sich die nächste Aufgabe stellen (→ Seite 76 ff.).

Welcher Durchhaltetyp sind Sie?

Wie verhalten Sie sich, bevor Sie sich für ein Vorhaben entscheiden und wenn Sie sich an die Umsetzung machen?
Erstellen Sie Ihr Profil, indem Sie ein klares JA setzen, wenn Sie das Verhalten in dieser Form hundertprozentig wiedererkennen. Das MANCHMAL erhalten Verhaltensweisen, die sich je nach Situation/Vorhaben wechselhaft zeigen. Und ein NEIN bekommen Verhaltensweisen, die Ihnen komplett fremd sind.

	ja	manchmal	nein
Wenn ich neue Vorhaben anfange …			
… belasse ich es oft bei Worten.	○	○	○
… stürze ich mich enthusiastisch rein.	○	○	○
… wäge ich ab, entscheide und packe es an.	○	○	○
… bin ich begeisterungsfähig.	○	○	○
… kann ich mich nicht sonderlich begeistern.	○	○	○
Meine Vorgehensweise:			
Ich habe immer einen guten Plan.	○	○	○
Ich mache spontan, wie ich denke.	○	○	○
Ich nehme mir meist zu viel vor.	○	○	○
Ich nehme mir eher zu wenig vor.	○	○	○
Am Ball bleiben:			
Sobald es schwierig wird, gebe ich auf.	○	○	○

Ich mache gern mal Ausnahmen, manchmal höre ich danach ganz auf.	O	O	O
An eigene Pläne halte ich mich gar nicht, sondern mache etwas, wenn ich Lust habe.	O	O	O
Ich ziehe immer durch, was ich mir vornehme.	O	O	O
Wenn ich keinen Spaß dabei habe, lasse ich es.	O	O	O

Wenn etwas nicht klappt, wie ich möchte …

… spornt mich das nur noch an.	O	O	O
… gebe ich frustriert auf.	O	O	O
… werde ich wütend und versuche es mit der Brechstange.	O	O	O
… setze ich mich unter Druck.	O	O	O
… überzeuge ich mich, dass es besser ist aufzugeben.	O	O	O
… rede ich innerlich negativ zu mir und über mich.	O	O	O

Ich halte durch …

… wenn ich Spaß dran habe.	O	O	O
… wenn ich Druck von außen bekomme.	O	O	O
… weil ich mich selbst quälen und durchbeißen kann.	O	O	O
… weil ich ehrgeizig bin.	O	O	O
… weil ich mich auf mein Ziel konzentriere.	O	O	O
… weil ich anderen zeigen will, dass ich erreiche, was ich mir vorgenommen habe.	O	O	O

Setzen Sie sich mit Ihren Antworten näher auseinander: Was genau steckt dahinter? Was heißt beispielsweise »Spaß haben« oder »Druck von außen« konkret? Woran liegt es, dass Sie sich manchmal so verhalten? Was müsste sein, damit Sie sich anders verhalten würden?

Die Do's und Don'ts

der Selbstdisziplin

→ Um der eigenen Disziplin auf die Sprünge zu helfen, ist es wichtig, die verschiedenen Faktoren zu verstehen, die sie beeinflussen können. Das Sahnehäubchen ist dann, nicht nur die negativen Einflüsse abzustellen, sondern die Faktoren zu stärken, die Ihre Selbstdisziplin fördern. So können Sie den Weg zum Ziel angenehmer gestalten und alle Stolpersteine aus dem Weg räumen.

Woran hapert's bei Ihnen?

2

Es wäre zu kurzsichtig, sich nur mit Motivationstipps zu befassen, um irgendwie durchzuhalten. Ohne das richtige innere Fundament wird jedes Unterfangen mühsam bleiben. Viel besser ist es, Bilanz zu ziehen und zu erkennen, wo bei Ihnen das Fundament für Selbstdisziplin noch nicht da oder einfach noch nicht tragfähig genug ist. Arbeiten Sie daran und heben Sie Ihre Selbstdisziplin auf ein höheres Niveau: Dann brauchen Sie mit der Zeit immer weniger Extraanstrengung zu unternehmen, um am Ball zu bleiben!

Lassen Sie uns nun die Hauptkomponenten beleuchten, die sich negativ auf Ihre Selbstdisziplin auswirken können – nämlich:

- ein negatives Selbstbild
- Ihre Erfahrungen
- eine pessimistische/negative Einstellung
- bequeme Lebensführung
- falsch gesetzte Ziele
- Selbstsabotage

Ein negatives Selbstbild

Wie Sie sich selbst sehen, hat große Auswirkungen – unter anderem darauf, wie selbstbewusst Sie sind, wie Sie von anderen gesehen werden, wie Sie mit Hürden und Rückschlägen umgehen und wie stark Sie sich selbst motivieren können. Das bedeutet im Klartext, dass selbstdiszipliniertes Verhalten mit Ihrem Selbstbild steht und fällt!

Charakter und Persönlichkeit

Unser Selbstbild hängt mit unserer Persönlichkeit und Erziehung zusammen und wird davon geprägt, welche Erfahrungen wir mit unserem eigenen Verhalten und mit anderen gemacht haben und machen.

Erziehung

In meinen Coachings sagen die Teilnehmer oft, dass sie »eben so sind« oder dass ihre Eltern schuld daran seien, weil sie »so erzogen wurden«. Behindern Sie sich nicht mit Schuldzuweisungen und reden Sie sich bitte vor allem nicht ein, dass Sie alte Muster oder Persönlichkeitsmerkmale einfach hinnehmen müssen.

Keine Frage: Was wir von klein auf mitbekommen haben, spielt auch für unsere Selbstdisziplin eine sehr große Rolle. Wenn Ihre Eltern Ihnen Zuversicht und die Überzeugung »Das schaffst du schon!« vermittelt haben, haben Sie eine günstigere Ausgangslage für Projekte aller Art, als wenn Ihre Eltern überängstlich oder auf Negatives fixiert waren. Aber auch wenn Sie durch Ihre Erziehung manches beigebracht bekommen haben, das Sie als hinderlich empfinden, haben Sie so, wie Sie jetzt hier sitzen, mit Sicherheit auch sehr viele positive Eigenschaften, die Ihnen nützen. Und die können sich tatsächlich auch aus negativen Erlebnissen in der Kindheit entwickelt haben. So zeigen manche Kinder, deren Eltern die Grundhaltung »Du bringst es zu nichts!« hatten, ganz besonders viel Ehrgeiz, Zielstrebigkeit und Kraft.

Wenn wir hier also von den Einflüssen der Erziehung sprechen, geht es nicht darum, den Eltern den Schwarzen Peter zuzuschieben. Es geht darum, dass Sie Ihre Persönlichkeit und Charakterzüge näher ergründen und Zusammenhänge erkennen. Verhalten und Meinung unserer Eltern prägen uns. Vielleicht haben Ihre Eltern Ihnen die Grundüberzeugung »Was ich mir in den Kopf setze, erreiche ich auch!« mitgegeben. Vielleicht aber haben Ihnen Ihre Eltern vermittelt, dass Sie nicht gut genug sind, dass nur Leistung zählt und dass die Dinge anstrengend sein müssen, um etwas zu gelten. Es lohnt sich, diese alten Überzeugungen auf den Prüfstein zu stellen.

Haben Sie schlimmere Verletzungen oder sogar ein systematisches In-Grund-und-Boden-Kritisieren erlebt, kommen Sie nur mit Logik und Nachdenken nicht so schnell von dieser Erfahrung los. Wenn Sie ein sehr schwach ausgeprägtes Selbstbewusstsein haben und auch mit Ihrer Persönlichkeit, Ihren Möglichkeiten und Talenten nicht zurechtkommen, dann holen Sie sich unbedingt Unterstützung. Gut geeignet für Sie kann, je nach individueller Situation, ein Coach sein oder auch ein Therapeut – lassen Sie sich beraten.

Schlechte Erfahrungen

Was wir in unserem Leben erfahren haben, formt uns. Das Gute: Als Erwachsene können wir unmittelbaren Einfluss darauf nehmen, wie wir etwas aufnehmen, uns gezielt weiterentwickeln und Gedanken und Strategien optimieren.

Erfahrungen können

- Präzedenzfälle schaffen (»X habe ich auf die Weise gemacht und mit folgendem Ergebnis …«),
- Lerneffekte bieten (»Das hat funktioniert, das behalte ich bei.«, »Das ging in die Hose, nächstes Mal werde ich es besser so machen.«),
- ermutigen und selbstbewusster machen (»Wow, sogar XY habe ich geschafft, dann schaffe ich dies hier auch!«),
- verunsichern oder gar entmutigen (»Damit bin ich total gescheitert! Ich will bloß nie mehr in so eine Situation kommen!«, »Ich fürchte, ich bin dieser Sache einfach nicht gewachsen.«),
- verwirren (»Einmal lief es so, ein andermal so – jetzt weiß ich gar nichts damit anzufangen.«, »Ich selbst war ganz zufrieden, aber das Feedback war schlecht – was stimmt nun?«).

Gerade was die Selbstdisziplin angeht, können wir auf unseren Erfahrungsschatz zurückgreifen und diesen nutzen. Doch leider reflektieren die wenigsten Menschen, warum genau sie nun schon zum zehnten Mal vergeblich den Versuch gemacht haben, mit Sport zu beginnen. Dabei ist es sehr aufschlussreich zu erkennen, wo genau es hakt.

Aus Misserfolgen lernen

Gerne gebe ich Ihnen hier ein eigenes Beispiel: Meine zwei Versuche, mich zu regelmäßigem Laufen zu motivieren. In einem Buch las ich, dass ich 30 Tage lang jeden Morgen gleich nach dem Aufstehen in die Turnschuhe springen soll. Das Versprechen: Nach einem Monat WILL ich laufen. Das ist ganz nach meinem Geschmack: Eine Hauruck-Aktion plus Garantie, dass es danach Spaß macht. Nach viermaligem morgendlichen Aufstehen, zum Laufen quälen und schrecklicher Langeweile habe ich Knieschmerzen und muss eine Zwangspause einlegen. Mit diesen Knieproblemen habe ich noch mehrere Wochen zu tun. Fazit: Blödes Laufen! Das lass ich lieber!

Welche Erfahrungen habe ich nun rückblickend aus diesem gescheiterten Versuch gewonnen?

- Die ausgelatschten Turnschuhe hatten zu wenig Dämpfung und haben die Knieprobleme forciert.
- Für einen absoluten Anfänger ist es absurd, und auch nicht gut für Gelenke und Muskeln, aus dem Stand heraus eine halbe Stunde zu laufen, und das jeden Tag.
- Morgensport ist eine Quälerei für mich und entspricht nicht meinen individuellen Rhythmen und Wohlfühlzeiten.
- Für mich ist Laufen eher langweilig, und das dann jeden Tag machen zu müssen verleidet mir den Spaß daran.

Aus diesen Erfahrungen heraus startete ich den zweiten, erfolgreichen Versuch: Ich kaufte mir ordentliche Laufschuhe. Und ich buchte einen Laufkurs. Der Kurs fand zweimal pro Woche abends statt inklusive

Das wird jetzt anders!

Denken Sie über bisherige Vorhaben nach, die Sie erst gar nicht begonnen oder vorschnell abgebrochen haben. Und dann über das, was Sie jetzt angehen möchten. Was werden Sie anders machen?

Woran ist es bisher gescheitert? Wo wurde es schwierig?

- Was waren die Gründe?
- Was hat Ihnen gut gefallen, wann waren Sie motiviert?
- Und was waren die Störfaktoren?
- Was würde Ihnen dabei helfen, am Ball zu bleiben?

Was werden Sie bei Ihrem aktuellen Vorhaben anders machen?

- Wo sind speziell hier Ihre Schlappmach-Fallen?
- Was können Sie tun, um diesen Fallen vorzubeugen und sie gar nicht erst auftreten zu lassen?
- Was sind bei Ihnen die ersten Anzeichen für Durchhänger?
- Was werden Sie dann tun?

Mobilisations- und Dehnübungen vor und nach der Laufeinheit. Die Intensität wurde langsam innerhalb von sechs Wochen von 2 Minuten Laufdauer auf eine halbe Stunde angehoben. Im Anschluss besuchte ich einen weiteren Kurs, wo die Dauer von einer halben Stunde auf eine Stunde Laufen ohne Pause gesteigert wurde. Auf diese Weise konnte mein Körper sich an die Belastung gewöhnen. Das Laufen in der Gruppe machte auch mehr Spaß. Ich merkte, dass ich abends wild auf Bewegung und der Körper auch schon auf »Betriebstemperatur« war. Und siehe da: Plötzlich war das Laufen fest in den Alltag integriert. Inzwischen laufe ich mehrmals die Woche. Und immer mit Laufpartnern, weil dann der Faktor Langeweile wegfällt.

Erkenntnisse dieser Art sind es, die Ihnen dabei helfen, das eigentliche Vorhaben durchzuziehen und Ihr Ziel zu erreichen. Machen Sie also bewusst Inventur! Schauen Sie regelmäßig zurück auf Alltägliches und Besonderes, das Sie in Ihrem Leben schon gemeistert haben. Als Sie Ihren Job gerade angefangen haben, hätten Sie nie gedacht, mal derart routiniert mit dem komplizierten Computersystem umgehen zu können. Was hat Sie am Ball bleiben lassen? Wie haben Sie sich die Materie angeeignet?

Eine pessimistische Einstellung

Kennen Sie die Kindersendung »Rappelkiste«? Dort lief einmal folgender Zeichentrickfilm: Ein kleiner Junge balanciert sicher auf einem Zaun hin und her und freut sich, dass er die Balance so gut halten kann. Dann kommt ein anderer kleiner Junge dazu und skandiert: »Das kannst du nicht! Das schaffst du nicht! LASS DAS SEIN!«, und sofort fällt der Junge vom Zaun.

Leider laufen sehr viele Menschen mit diesem Spruch im Kopf herum und erzählen permanent, wie unfähig sie sind, dass sie ohnehin scheitern werden, dass andere so viel besser sind, dass die Welt schlecht ist und überhaupt alle Anstrengung vergebliche Liebesmüh.

Bestimmt haben Sie den Begriff »sich selbst erfüllende Prophezeiung« schon gehört. Und tatsächlich: Unsere Annahmen bestimmen auch unser Verhalten. Oft ist uns das nicht einmal bewusst.

Nehmen wir an, zwei Personen sind unzufrieden mit ihrem Job und möchten gerne auf eine völlig andere Branche umsatteln, sie beginnen

Bewerbungen zu verschicken. Person A denkt, dass sie als Quereinsteiger keine Chance haben wird, dass Personaler beim Anblick ihres Lebenslaufs sie sofort auf den Absagestapel legen werden. Person B glaubt, dass es schwierig werden könnte, dass sie aber über genug Qualitäten und generell anwendbare Fachkompetenzen verfügt – sie traut sich den Job in einer fremden Branche zu und möchte die Unternehmen von sich überzeugen.

Person A wird weitaus weniger motiviert an die Bewerbungen herangehen: Wenn es ohnehin keinen Zweck hat, weil man sie als unqualifiziert für die neue Branche abstempelt, warum sich überhaupt die Mühe machen? Sie wird außerdem Pluspunkte nicht nutzen, die sie abgesehen von der Ausbildung zu bieten hat. Denn wenn sie von sich aus schon meint, nicht genug Qualifikation vorweisen zu können, dann hat sie ihre eigenen Stärken, Fähigkeiten und Kenntnisse nicht genug analysiert, um sie auf den neuen Berufsbereich zu übertragen.

Person B wird zielgerichteter und engagierter an ihr Vorhaben herangehen und die nötigen Schritte für einen erfolgreichen Bewerbungsprozess intensiver durchziehen: Denn sie geht davon aus, dass sie mit Hartnäckigkeit und Überzeugungskraft Erfolg haben wird – auch wenn sie vielleicht einen längeren Atem braucht.

Sie sehen: Es lohnt sich, die Einstellung zu sich und zur Angelegenheit zu prüfen. Das bedeutet nicht, sich einfach nur vorzusagen, Sie müssten bloß mal eben positiv denken – was ja speziell schwerfällt, wenn Sie kein geborener Optimist sind.

Eine negative Einstellung, die durch mangelndes Selbstwertgefühl oder Schwarzseherei entsteht, sabotiert Ihre Selbstdisziplin durch

- Unlust, Demotivation bis hin zur Resignation,
- fehlende Überzeugung, das Gefühl der Sinnlosigkeit,
- im Extremfall sogar eine regelrechte Starre/Handlungsunfähigkeit.

Dadurch wird Ihr Vorhaben in allen drei Phasen – der Zielsetzung/Planung, dem Start und der Umsetzung – erschwert oder gar unmöglich gemacht. Selbst wenn Sie sich dazu aufraffen, es anzupacken, müssen Sie enorme Energie und Anstrengung aufwenden. Sie agieren wie ein Auto, das konstant mit angezogener Handbremse fährt.

Sind Sie eher negativ eingestellt oder tendieren Sie in einer bestimmten Hinsicht zu Mutlosigkeit oder Antihaltung, dann tun Sie gut daran, sich zuallererst diesem Problem zu widmen – um die Handbremse zu lösen. Damit machen Sie es sich viel leichter, Ihre Ziele zu erreichen und nehmen die energiezehrende Schwere aus jedem Unterfangen.

Wie sieht es bei Ihnen aus?

Wie steht es mit Ihren Gedanken und Überzeugungen zu sich selbst? Und wie sieht es in Ihnen bei einem neuen Vorhaben aus?

Auch hier ist es wichtig, dass Sie es nicht bei dieser ersten Einschätzung belassen, sondern jeweils hinterfragen, was Sie damit konkret meinen und ob oder wann diese Einstellung bei Ihnen zutrifft. Besonders ein negativer Blick auf die Welt unterminiert Ihre Selbstdisziplin ganz gewaltig. Erkennen Sie Ihre Muster, können Sie gegensteuern. Tipps, wie Sie positive Faktoren für sich und Ihre Vorhaben nutzen können, finden Sie ab → Seite 56.

Zu bequem?

Fänden Sie es klasse, mehrere Sprachen zu können, ein Musikinstrument zu beherrschen oder ein begnadeter Sportler zu sein? Ich auch. Und zwar genau so, wie es da steht: können, beherrschen, sein. **NICHT** etwa **LERNEN** oder dafür **TRAINIEREN**, sondern diese Fähigkeiten, bitteschön, **HABEN**. Auf der Stelle, ohne Aufwand.

Wir reden hier nicht davon, sich nicht anstrengen zu wollen, weil momentan andere Dinge Priorität haben, oder darüber, die Anstrengung für ein bestimmtes Ziel zu scheuen. Hier geht es jetzt nur um die Bequemen unter uns, die

- mit einem lockeren »Das klappt schon irgendwie!« auf den Lippen durchs Leben gehen,
- sich in den meisten Situationen auf ihr Improvisationstalent und Selbstvertrauen verlassen,
- mit wenig zufrieden sind, auch wenn das Ergebnis oder ihre Leistung weit unter ihren Möglichkeiten bleibt,
- etwaige Hürden wie mangelnde Konzentrationsfähigkeit hinnehmen oder sogar als Ausrede für sich nutzen (»Ich bin halt so! Daran kann ich jetzt auch nichts ändern.«).

»Faulheit« oder auch ein Nach-Lust-und-Laune-Leben hat durchaus einiges für sich. Die lustorientierten Menschen unter Ihnen wissen, dass das bequeme Leben durchaus möglich ist – sogar ohne dass dadurch Nachteile für Sie selbst oder Ihre Umwelt entstehen. Aber es ist nur möglich, wenn gleichzeitig die nötige **DISZIPLIN** da ist.

Ein Widerspruch in sich? Nein, die Logik ist die: Es ist durchaus erstrebenswert, sich das Leben leichter zu machen. Und es ist – zu einem gewissen Grad – auch möglich. Allerdings nur, wenn man die Dinge unter Kontrolle hat. Denn Freiheiten auf der einen Seite bedingen disziplinierte Organisation auf der anderen Seite.

Gehören Sie also eher zur laxen Fraktion, dann machen Sie sich keine Sorgen: Sie brauchen nicht plötzlich der verkniffene Hardworker zu werden. Aber für eine gute – und bequeme – Selbstdisziplin ist es nötig, die Dinge richtig clever anzugehen und an manchen Schrauben aktiv zu drehen. Auch das braucht Aufwand, kommt aber andererseits Ihrem Bequemlichkeits- und Freiheitsdrang entgegen (mehr dazu finden Sie in Kapiteln 3 und 4).

Schauen Sie aber genau hin, ob Sie tatsächlich der »relaxte Typ« sind, oder ob Ihre Laxheit nicht vielmehr ein **DECKMÄNTELCHEN** ist. Denn sich treiben zu lassen und nichts wirklich anzupacken, das ständige Improvisieren und Leben allein nach dem Lustprinzip kann auch dazu dienen, etwas zu verstecken – auch vor sich selbst! Beispielsweise kann es sein, dass Sie unbewusst Angst davor haben, sich den Herausforderungen oder Zielen zu stellen. Wenn Sie nun Ihre Bequemlichkeit vorschieben, begeben Sie sich auch nicht in die Gefahr zu scheitern.

Entscheidend ist die Zielsetzung

Einer der wichtigsten Faktoren dafür, ob Sie Ihr Vorhaben angehen und durchziehen, ist das Ziel selbst (mehr zu Motiven und der richtigen Zielsetzung ab → Seite 75). Das erscheint wie eine Binsenweisheit, nicht wahr? Und dennoch kommt es häufig vor, dass sich Menschen Ziele setzen, die

- sie nicht wirklich erreichen wollen (»Ich muss Karriere machen wollen.«, »Mein Partner sagt, ich soll abnehmen…«),
- sie momentan oder in der geplanten Weise nicht erreichen können (das Ziel ist zu ambitioniert oder die vorgegebene Zeitdauer zu kurz),
- für ihre momentane Lebenssituation nicht passend oder im Verhältnis zu anderen »Baustellen« zweitrangig sind (Sie stecken in einer Beziehungskrise und beginnen, Ihr Englisch aufzupolieren…).

Oder aber natürlich, dass Sie sich schlimmstenfalls überhaupt kein Ziel setzen, weil sie denken, dass Sie ohnehin nichts verändern können.

Wenn das Ziel nicht wirklich passt, weil Sie es nicht selbst und sorgfältig ausgewählt haben oder wenn andere Themen oder Probleme einfach vorrangig sind, steht das Unterfangen von vorneherein auf wackligen Füßen. Denn dann sind Sie weder motiviert noch können und möchten Sie sich voll auf Ihr Projekt konzentrieren.

Selbstschutz und Selbstsabotage

So manches Mal ist auch Selbstsabotage ein großer Störfaktor. Da können Sie mit noch so viel Ehrgeiz und Anstrengung hinter einem Vorhaben stehen – wenn Ihre Selbstschutzmechanismen einsetzen, wird jedes Projekt schwierig bis fast unmöglich. Der Selbstschutz wird dann aktiviert, wenn Sie sich vor etwas bewahren möchten, etwa wenn Ihnen eine Situation unangenehm ist oder wenn Sie sich davor fürchten, zu scheitern.

Ihr Unterbewusstsein wird dann so richtig aktiv und ersinnt Vermeidungstaktiken. Das Fatale ist, dass dies im Hintergrund abläuft, Ihnen also gar nicht unbedingt bewusst ist.

Nehmen wir das Beispiel einer selbstständigen Geschäftsfrau, die gerne Kontakte knüpfen möchte. In ihrer Branche ist es üblich, auf Empfänge zu gehen, bei denen man Kunden und Branchenkollegen trifft. Sie kommt allgemein gut an, was sie auch weiß, und hat schon viele Kontakte, sodass sie auf diesen Veranstaltungen durchaus bekannte Gesichter treffen und nicht allein in der Ecke stehen würde. Trotzdem stirbt sie vor Angst bei dem Gedanken hinzugehen. Denn sie findet sich selbst nicht interessant und glaubt auch, dass sie dem dort üblichen Smalltalk nicht gewachsen ist.

Was glauben Sie, hat diese Geschäftsfrau gemacht? Hat sie sich auf ihre Stärken besonnen, auf die bestehenden guten Kontakte, darauf, dass sie gut ankommt? Dass sie auf den Veranstaltungen genau die richtigen Leute treffen wird, um ihr Geschäft voranzubringen? Hat sie sich Gedanken darüber gemacht, wie sie Smalltalk lernen und sich gut und sicher präsentieren kann?

Sie ahnen es sicher schon. Das hat sie nicht gemacht. Stattdessen wurde sie Spezialistin für Ausreden vor sich und der Welt: warum sie gerade zu diesem Termin leider nicht kann, warum diese Veranstaltung nicht besonders vielversprechend klingt, warum Smalltalk ohnehin oberflächlich ist und nichts bringt. Und als letztes Argument blieb immer noch, dass sie ja ohnehin überarbeitet ist und ihr ein freier Abend auf der Couch doch gegönnt sein müsste. Klingt alles logisch, oder? Und es stimmt sicherlich auch im Kern – sowohl die Pro-Argumente, als auch die Contra-Argumente.

Wichtig ist jedoch das eigentliche Ziel. Und das war bei dieser Geschäftsfrau, dass sie die Kontaktmöglichkeiten wahrnehmen **WOLLTE** und eigentlich auch **GERNE** hingehen würde. Sie fühlte sich aber schlichtweg der Situation, auf fremde Menschen zu treffen und den ersten Schritt auf diese zuzumachen, nicht gewachsen. So betrachtet sind alle Vermeidungsstrategien, selbst wenn sie nachvollziehbar sind, hinderlich und einschränkend. Die Geschäftsfrau tut sich mit ihrer Selbstschutzstrategie keinen Gefallen. Im Gegenteil: Sie verstärkt ihre Furcht und Antihaltung nur noch.

Was Sie vom Weg abbringt

Sie sind wild entschlossen, haben das richtige Ziel, kennen mögliche innere Hindernisse – und jetzt könnte eigentlich alles schön glatt verlaufen … wenn da nicht diverse Hürden wären: Sie haben so gut wie keine Zeit. Ihnen fehlen Unterstützung und Ressourcen. Ständig lenkt Sie jemand ab und will was von Ihnen, sodass Sie nicht am Ball bleiben können. Das alles sind äußere Störquellen, die man in vier Gruppen zusammenfassen kann:

- mangelnde Struktur
- entmutigendes Umfeld
- Ablenkung und Störquellen
- Überforderung

Betrachten wir also zunächst diese äußeren Faktoren, die Ihre Selbstdisziplin erschweren oder gar torpedieren. Anschließend sehen Sie, wie Sie die inneren und äußeren Hindernisse ummünzen können. Denn mit den richtigen Rahmenbedingungen fällt es Ihnen viel leichter, mit Ihrem neuen Vorhaben auf Kurs zu bleiben.

Mangelnde Struktur

Das Thema Struktur müssen wir von zwei Seiten betrachten: Die eine Seite ist die gute Planung (→ Seite 76 ff.), die andere Seite der äußere Rahmen, in dem Sie sich bewegen.

Eine Bekannte berichtet über ihr Studium: »Ich habe mich gefreut, als das Studium losging. Doch mit der Freiheit, mir alles selbst einzuteilen, kam ich gar nicht zurecht. Da habe ich gemerkt, dass mir die Struktur von außen mit Aufgaben, Terminen … fehlte, und ich mit der Selbstbestimmtheit völlig überfordert war.«

Beziehen Sie immer Ihre Persönlichkeit mit ein: Wie viel Struktur brauchen Sie, um dran zu bleiben? Und: Wie können Ihnen andere dabei helfen (→ Unterstützung durch andere, Seite 61 ff.)?

2

Negative und kritische Stimmen

»Das schaffst du nie!« – Skeptische oder entmutigende Reaktionen ersticken neue Vorhaben oftmals schon im Keim. Wann immer Sie sich zu sehr auf das konzentrieren, was andere sagen, nehmen Sie sich selbst den Wind aus den Segeln. Sie werden demotiviert, was dazu führt, dass Sie unter Ihren Möglichkeiten bleiben oder tatsächlich beim ersten Durchhänger aufgeben. Und dann gibt es ja auch noch den Trotz: Nach der Devise »Jetzt erst recht!« wollen Sie es den anderen zeigen. Doch was manchmal einen guten Motivationsschub gibt, kann auch ins Negative kippen: Durch die Fokussierung auf das Urteil anderer kommen Sie vom Kurs ab und vergeuden Energie. Und es kann auch sein, dass Sie Kurskorrekturen nicht machen, weil Sie den anderen nicht recht geben möchten.

Damit Sie mich richtig verstehen: Feedback von anderen, gerade wenn es kritisch ist, sollten Sie nicht tunlichst ignorieren. Und es ist auch nicht grundsätzlich böse gemeint. Oft werden damit wichtige Botschaften vermittelt: Es offenbart sich die Angst des anderen (»Meine Frau will nach Jahren der Familienzeit wieder in den Beruf – was ist, wenn sie zu unabhängig wird und mich verlässt?«), Ihr Umfeld zeigt Unsicherheiten (»Ich selbst könnte das nicht durchziehen, also gehe ich davon aus, dass es jemand anders auch nicht kann.«).

Schlimmstenfalls sollen Sie gezielt manipuliert und demotiviert werden. Denn immer wieder werden Sie auf Zeitgenossen treffen, die unbedacht oder auch aus Neid Erfolge anderer schmälern wollen. Lassen Sie sich von solchen »Kleinmachern« nicht mürbe machen und nicht beirren: »Ja, andere Leute laufen Marathon. Aber darum geht es nicht. Ich bin stolz darauf, dass ich jetzt drei Wochen fleißig laufe und schon fünf Minuten am Stück ohne wildes Schnaufen durchhalte!«

Wehren Sie den Anfängen, wenn Sie das Gefühl haben, jemand versucht, Sie absichtlich klein zu machen oder Sie von Ihrem Ziel abzubringen. Entweder, indem Sie freundlich und interessiert fragen: »Warum sagst du das?« Oder aber, indem Sie Ihre Meinung offen sagen und das Thema wechseln: »Ich finde es nicht gut, dass du mir meinen Erfolg schlecht redest (ich würde mir wünschen, dass du mich unterstützt). Damit wir uns nicht in die Haare bekommen, lass uns darüber nicht weiter reden.« Und dann wechseln Sie das Thema.

Meiden Sie vor allem Menschen, von denen Sie schon wissen, dass sie negativ eingestellt sind oder verletzende Kommentare abgeben. Schneiden Sie einfach das Thema Ihres Vorhabens nicht selbst an und antworten Sie auf Rückfragen nur unverbindlich-neutral. Wechseln Sie dann sofort das Thema. Ihre Tante fragt beispielsweise beim großen Familienfest: »Wie, du willst keine Torte essen? Zählst du etwa Kalorien, wo du doch so ein Hering bist?!« Ihre prompte Antwort könnte sein: »Stimmt, ich achte momentan auf meine Ernährung. Was ich dich fragen wollte: Wie machen wir das eigentlich am Mittwoch?«

Teilen Sie stattdessen Ihre Erfolge mit Leuten, die ehrlich interessiert sind oder, noch besser, die Ihnen positive Verstärkung geben!

»Ich will dir doch nur Gutes tun …«

Kürzlich las ich in einem Internetforum einen ganz typischen Fall: Die Ehefrau will abnehmen, aber der Mann bringt ihr immer ihr Lieblings-Fast-Food mit. Sie widerspricht dann immer zweimal und sagt, dass sie es nicht essen mag. Aber schließlich isst sie es doch.

Das Motiv des Ehemanns kann unterschiedlich sein: Er will vielleicht selbst nicht abnehmen und darum auch nicht, dass seine Frau auf die Ernährung achtet, oder aber er möchte ihre Pläne durchkreuzen und ihr zeigen, dass sie ohnehin nicht durchhält. Vielleicht will er ihr aber tatsächlich nur was Gutes tun, weil er weiß, dass sie »eigentlich« lieber genießt und sich nun kasteit. Für das Gelingen des Vorhabens der Frau ist aber das Motiv des Ehemanns völlig egal. Sie selbst muss auf Kurs bleiben und ihm klar sagen, dass sie das nicht möchte – und dann auch Taten folgen lassen: das Essen nicht anrühren oder vor seinen Augen in den Abfall kippen.

Wenn sie es nach zweimal Nein sagen doch immer wieder isst, kommt beim Mann an: Eigentlich will ich es ja gerne essen und esse es auch immer. Ich bin also froh, dass du mir was mitgebracht hast. Und ich achte mein eigenes Vorhaben nicht – warum sollte mein Mann es dann tun?

Es ist also wichtig, dass Sie Ihr Vorhaben selbst ernst genug nehmen, um Versuchungen zu widerstehen. Darüber hinaus müssen Sie Ihrem Umfeld deutlich vermitteln, worum es Ihnen geht:

1. Machen Sie klar, was Ihnen wichtig ist und warum: Sagen Sie also Ihrem Mann nicht: »Du sollst mich doch nicht in Versuchung führen!« Oder: »Du bist gemein und boykottierst mich.« Sondern: »Es ist mir sehr wichtig, dass ich fünf Kilo abnehme, weil ich mich mit dem Winterspeck einfach nicht mehr wohlfühle. Dazu möchte ich die nächsten Wochen auf Fast Food und Schokolade verzichten.«
2. Sagen Sie, was Sie vom anderen erwarten: »Ich wünsche mir von dir, dass du mein Vorhaben unterstützt. Wenn du mir Fast Food mit-

bringst, ist das schlimm für mich, weil du weißt, dass ich es sehr gerne esse und ich mich nicht zurückhalten kann, wenn es vor mir steht. Dann esse ich es und fühle mich doppelt schlecht, weil ich nicht widerstanden habe und weil ich mich boykottiert fühle. Bitte respektiere meinen Wunsch und bringe mir momentan kein Essen mit, bis ich mein Ziel erreicht habe.«

3 Setzen Sie klare Grenzen und lernen Sie, etwas auszuhalten: Verhält sich Ihr Umfeld nicht so, wie Sie sich das wünschen, und führt Sie in Versuchung, dann ist es wichtig, dass Sie auch Taten folgen lassen. Sonst nimmt man Ihre Grenzen nicht ernst oder traktiert Sie endlos weiter. Geht der andere nicht auf Ihre ausgesprochenen Erwartungen ein, dann nutzen Sie die Technik der »gesprungenen Schallplatte«: Wiederholen Sie Ihre Erwartungen (→ Schritt 2) immer wieder – unaufgeregt, aber stetig.

Ablenkung und Störquellen

Jedes Vorhaben hat Aspekte, die sich als Störfaktoren herausstellen können. Nehmen wir die Störung mal wörtlich: Haben Sie sich vorgenommen, etwas zu lernen oder eine Arbeit fertigzustellen, dann ist die Umgebung ausschlaggebend dafür, wie gut Sie sich konzentrieren können: Ist es zu warm oder zu kalt, zu laut oder zu leise, klingelt häufig das Telefon? Die ständige Störung reißt einen immer wieder heraus. Noch schwieriger ist es, wenn die Störquellen andere Menschen sind, denen man sich verpflichtet fühlt (die Selbstständige, die im Homeoffice arbeitet und nebenbei für die Kinder da sein will) oder die einen verführen wollen (der Lebenspartner, der es besser fände, zum Pizzaessen zu gehen, als für den Fernkurs zu lernen) oder die Stress machen (»Nie hast du Zeit für uns!«).

Störquellen ergeben sich aber auch aus uns selbst heraus. Weiter oben war beispielsweise vom Boykottfaktor »negative Gefühle« die Rede. Bestimmt kennen Sie die Gedankenmühle, die zur Vorsicht mahnt oder vorschlägt, es doch lieber sein zu lassen (»Gestern warst du brav mit dem Essen, da kannst du heute einen Sündentag einlegen!«).

Hier kommt dann auch der oft zitierte Schweinehund ins Spiel. Sie haben sich heute Morgen ganz fest vorgenommen, abends die Laufschuhe zu schnüren. Doch jetzt ist Abend, und die Sache sieht ganz anders aus: »Ach, wie aufwendig! Jetzt noch zum Sportstudio, bestimmt krieg ich keinen Parkplatz, ob ich überhaupt genug Benzin habe, ach dann muss ich vielleicht noch tanken, und dann ist es bestimmt total voll am Abend. Und bis ich dann daheim bin …« – Wer sich in negativen

ÜBUNG

Ihre persönlichen Boykott-Faktoren

Ihre momentane Stimmung und Lebenssituation beeinflussen, welche Boykott-Faktoren ein neues Vorhaben für Sie erschweren könnten. Machen Sie daher für jedes Vorhaben, das Sie anpacken und umsetzen möchten, eine Inventur Ihrer Boykott-Faktoren. Schreiben Sie alles auf, was Ihnen in die Quere kommen könnte, und gehen Sie danach ins Detail:

- Was genau ist gemeint?
- Inwiefern beeinträchtigen mich diese Faktoren?
- Wie kann ich mir diese zunutze machen beziehungsweise welche Lösung gibt es dafür?

Gedanken ergeht, der bringt sich selbst ab vom Kurs. Das Tragische: Wenn Ihr Vorhaben wirklich wichtig für Sie ist, boykottieren Sie hier sehr viel mehr als nur den Gang zum Fitnessstudio.

Sind Sie überfordert?

Sehr viele Menschen nehmen sich viel zu viel vor. Mehr Bewegung heißt dann gleich »viermal die Woche ins Fitnessstudio«, gesunde Ernährung wird verwechselt mit »nie mehr Süßes und alles muss fettfrei sein«. So ein Unsinn. Jeder Schritt zählt. Klar: Je intensiver Sie ein Vorhaben betreiben, desto eher machen Sie Fortschritte. Doch ein Von-null-auf-hundert ist fast ein Garant dafür, dass Sie nicht durchhalten – oder sehr schnell einen großen Rückfall erleiden.

Doch die Überforderung kann natürlich auch darin bestehen, dass das angestrebte Ziel (oder der Weg dorthin!) momentan zu schwierig ist oder einem zu viel Einsatz abverlangt:

- Der Chef befördert einen Mitarbeiter in eine Position, der er sich nicht gewachsen fühlt.
- Sie laden sich zusätzlich zu einem Vollzeitjob ein Fernstudium auf.
- Sie machen sich ohne finanzielle Rücklagen selbstständig und sind darauf angewiesen, dass das Geschäft sofort erfolgreich wird.

So machen Sie sich das Leben leichter

In den letzten beiden Kapiteln habe ich Ihnen die wichtigsten inneren und äußeren Faktoren vorgestellt, die für mangelnde Selbstdisziplin sorgen. Darauf basierend ergeben sich folgende Aspekte, die es Ihnen erleichtern, diszipliniert(er) zu sein:

- ein gutes Selbstbild
- eine positive Grundeinstellung
- bei sich sein
- Vorbilder
- Unterstützung durch andere
- eine Umgebung und äußere Umstände, die förderlich für Sie sind

Ein gutes Selbstbild

Dazu gehören ein gesundes Selbstbewusstsein, eine gute Selbsteinschätzung, konstruktive Selbstkritik und vor allem hinter sich zu stehen und sich selbst auch anzuerkennen. Abgesehen von dem Einfluss auf die Selbstdisziplin generell wirken sich diese persönlichen Aspekte natürlich auch immer auf das jeweilige Vorhaben aus.

Selbst wenn Sie sich im Allgemeinen gut selbst einschätzen können, ist es wichtig, dass Sie bei einem neuen Ziel die aktuellen Gegebenheiten (Umstände, Ressourcen, Ihre persönliche Verfassung) hinterfragen und danach dann einordnen, in welchem Umfang und auf welche Weise Sie das Vorhaben in Ihr Leben integrieren können.

Angenommen, Sie geraten nicht leicht unter Stress und können viele Aufgaben gleichzeitig schaffen. Momentan haben Sie aber private Sorgen, die sich auf diese Belastbarkeit auswirken. Dann wäre ein neues Vorhaben zusätzlich normalerweise kein Problem, im konkreten Fall aber doch.

Sich gut selbst einschätzen zu können bedingt beispielsweise auch, dass Sie etwas bewusst verschieben. Auch das ist gute Selbstdisziplin und hilft dabei, dass Ihr Vorhaben nicht zu einem belastenden »Ich-wollte-ja-auch-noch«-Monster wird.

Übrigens: Wenn Sie als Kind eine ermutigende Erziehung genossen haben, ist das natürlich ein Bonus für Ihre Selbstdisziplin. Doch für ein gutes Selbstbild können Sie immer sorgen – unabhängig vom Alter!

Das Glas ist halb voll ...

Zu einer positiven Grundeinstellung gehören geordnete Lebensumstände, Ausgeglichenheit, ein klarer Kopf, ein hohes Maß an Selbstmotivation und ganz besonders Anerkennung – und zwar von anderen und VON SICH SELBST. (Mehr zu diesen Grundlagen finden Sie auf den → Seiten 19 f., 85 ff. und 95.)

Bei sich sein

Bei sich zu sein bedeutet genau zu wissen, was einem wichtig ist im Leben und die Balance von Spannung und Entspannung zu finden. Je besser Sie Ihre eigenen Bedürfnisse, Werte und Prioritäten kennen, desto selbstbestimmter leben Sie. Entsprechend wählen Sie Ihre Vorhaben aus. Keine Sorge: Das heißt nun natürlich nicht, dass nur derjenige selbstdiszipliniert werden kann, der immer weiß, was er möchte,

VORSICHT FALLE

Mehr hilft nicht mehr

→ Beim Thema »Balance« boykottieren sich viele Menschen selbst. Sie möchten beispielsweise eine Prüfung gut schaffen und denken in puncto Lernen »Mehr ist mehr«. Dabei kommt es dann zu absurden Handlungen, etwa dass man sich keinerlei Freizeit mehr gönnt, aber dafür immer schon um 5 Uhr früh aufstehen will, um noch ein paar Stunden für das Lernvorhaben zu gewinnen. Das Einzige, was Sie damit erreichen, ist, dass Sie völlig über Ihre Kräfte gehen.

Disziplin braucht auch Ruhe. Nur dann bekommen Sie gute Ergebnisse und boykottieren Ihre Vorhaben – und Ihre Lebensqualität – nicht noch selbst!

oder der seine Bedürfnisse wirklich ernst nimmt. Denn kein Mensch ist sich seiner Sache immer sicher. Sondern es geht hier um einen weiteren vielversprechenden Puzzlestein, an dem es sich zu arbeiten lohnt, wenn Sie in diesem Bereich Defizite haben.

Ein Leben in Balance

Bitte übersehen Sie den zweiten Punkt des Bei-sich-Seins nicht: die richtige Balance zwischen Anspannung und Entspannung. Wenn Sie sich um sich kümmern und sich auch regelmäßig richtig erholen, haben Sie mehr Energie zur Verfügung. Körper und Geist können mehr schaffen. Damit fühlen Sie sich nicht nur besser, sondern dies ist eine wichtige Voraussetzung, wenn Sie sich für ein dauerhaftes oder schwieriges Vorhaben entschieden haben, das Sie zusätzlich zu Ihrem ohnehin schon intensiven Alltag meistern möchten.

Die körperliche Ebene spielt eine entscheidende Rolle. Angenommen Sie halten sich für zu zart besaitet und reagieren schnell über. Dann kann das tatsächlich auch daran liegen, dass die wichtigen Grundlagen nicht im Lot sind (Schlaf, Ernährung, genügend trinken, optimales Verhältnis von Anspannung und Entspannung). Wie sehr gerade die Ernährung sich auf das Nervenkostüm und die innere Stabilität auswirkt, wissen viele Menschen gar nicht.

Ruhepausen und der richtige Treibstoff sind elementar für Ihr Wohlbefinden und Ihre Stärke. Denn diese bestimmen Ihre Energie, Motivation und Stressresistenz – und damit Ihre Disziplin!

Suchen Sie sich Vorbilder

Wie unser Gehirn lernt, haben wir schon kurz angeschnitten (→ Seite 5 f.). Für die positive Auswirkung von Vorbildern komme ich noch einmal darauf zurück. In Ralf Casparys Buch »Lernen und Gehirn« wird erklärt, wie das, was wir mit anderen Menschen erleben, die Aktivität unserer Gene beeinflusst und die neuronale Architektur unseres Gehirns verändert. Abhängig von dem, was wir erleben, verschalten sich die Nervenzellen unseres Gehirns ständig neu. Entsprechend großen Einfluss hat es, wenn wir Handlungen bei anderen beobachten und nachvollziehen können.

Nehmen wir an, Sie haben als persönliches Ziel, in hektischen Situationen gelassener zu agieren. Kennen Sie nun in Ihrem Umfeld eine Person, die bei Hektik einen kühlen Kopf bewahrt, können Sie live miterleben, wie sie sich verhält, was sie tut oder unterlässt. Dieses Abschauen ist nicht nur ein guter Leitfaden. Sondern es ist auch eine tatsächliche Hilfeleistung für Ihr Gehirn – das letzten Endes dafür zuständig ist, ob Sie kopflos werden oder den Überblick bewahren.

Vorbilder haben aber natürlich noch weiter reichenden Nutzen für Ihre Selbstdisziplin: Sie können diese auch aktiv einbinden, um nach Feedback oder Rat zu fragen, sich Tipps und Informationen zu holen. Achten Sie aber auf einen konstruktiven Umgang mit Vorbildern!

1. Stilisieren Sie nicht irgendeinen Star, der für Sie unerreichbar ist, zum Idol – sondern suchen Sie in Ihrem eigenen Umfeld nach Eigenschaften, die Sie sich abschauen möchten.
2. Vergleichen Sie sich nicht auf negative Weise mit Ihrem Vorbild (»Er/sie ist toll, im Vergleich bin ich so schlecht!«). Es ist nicht hilfreich, wenn Sie auf eine andere Person schielen, um vor sich selbst schlecht abzuschneiden. Konzentrieren Sie sich vielmehr auf das Erstrebenswerte: »Ich bewundere Fähigkeit X. Er/sie macht das toll. Was heißt das konkret? Was kann ich mir abschauen?«
3. Denken Sie an den Faktor der Persönlichkeit. Passen Sie das Vorhaben unbedingt Ihrer eigenen Person an. Wenn sich eine sehr introvertierte Person an einem extrovertierten Partylöwen orientiert, sind die Extreme sehr groß. Wenn Sie also eher ein ruhiger Zeitgenosse sind, der einfach etwas aktiver werden möchten, dann wäre es falsch, sich das Gebaren des Partylöwen generell abzuschauen.

4 Heben Sie niemanden pauschal auf einen Sockel. Auch ein Vorbild ist kein Supermann, sondern ein Mensch wie Sie und ich. Und wie jeder Mensch hat es Facetten, die uns bewunderns- und erstrebenswert erscheinen, und andere Facetten, die unseren Eigenschaften und Fähigkeiten entsprechen, und natürlich auch solche, in denen wir besser abschneiden.

2

Unterstützung durch andere

Wenn es darum geht, Ihrer Selbstdisziplin Beine zu machen, stehen Sie nicht alleine da! Familie, Freunde, Bekannte, Chefs, Arbeitskollegen und professionelle Dienstleister – alle können Ihnen dabei helfen, wenn Sie sie einbinden.

Ein Umfeld, das unterstützt, verstärkt Durchhaltevermögen, Ausdauer und Motivation ungemein. Haben Sie sich vorgenommen, mit dem Rauchen aufzuhören, und Ihr Freundeskreis findet das toll, zieht mit und bestärkt Sie, dann stehen Ihre Karten sehr viel besser, als wenn die Freunde mit den Schultern zucken und sich in Ihrem Beisein eine Zigarette nach der anderen anstecken.

Die Unterstützung kann aber noch viel aktiver geschehen, nämlich wenn Sie sich gezielt Partner holen, die mitziehen: Freunde, mit denen Sie einen »Vertrag« abschließen, was Sie bis wann tun werden. Und die dann auch darauf achten, dass diese Übereinkunft eingehalten wird. Ein Familienmitglied, das mitmacht und etwa gemeinsam mit Ihnen die Turnschuhe schnürt. Kollegen, die Ihnen den Rücken freihalten, damit Sie ein Zusatzprojekt »stemmen« können.

Ein gesunder Druck von außen ist in jedem Fall hilfreich. Je nach Typ kann das von Ihren persönlichen Cheerleadern (→ Seite 62) über eine Selbstverpflichtung (Sie erzählen anderen Menschen von Ihrem Vorhaben und nehmen sich damit in die Pflicht) bis hin zum gewollten Zwang gehen.

Cheer me on!

Vielleicht haben Sie sich auch schon einmal dazu entschieden, anderen von einem neuen Vorhaben zu erzählen. Indem man andere einweiht, schafft man eine Öffentlichkeit. Und weil man sich keine Blöße geben möchte, sondern idealerweise von Fortschritten berichten will, kann genau das dabei helfen, dran zu bleiben. Nicht umsonst gehen viele so weit, eine Art Vertrag aufzusetzen und so ein Ziel und die damit verbundenen Regeln tatsächlich schriftlich zu besiegeln: Das Gefühl der Selbstverpflichtung wird dadurch einfach noch größer.

Und sorgen Sie dafür, dass Sie Ihre persönlichen CHEERLEADER finden. Holen Sie sich gezielt positiv-konstruktiv eingestellte Menschen an Bord und sagen Sie diesen genau, was Sie sich von ihnen wünschen. Zum Beispiel, dass sie

- Erfolge (die auch gemeinsam definiert werden können) mit Ihnen zusammen feiern,
- mit Ihnen die nächsten realistischen Teilziele vereinbaren,
- die bisherigen Fortschritte evaluieren und Verbesserungspotenzial erkennen und benennen,
- bei Durchhängern wieder aufbauen, ermuntern und zum Weitermachen anspornen.

Haben Sie niemandem in Ihrem Umfeld, der so ist? Dann überlegen Sie sich, professionelle Unterstützung zu nutzen, zum Beispiel in Form eines Coachs. Ihr Vorhaben wird sehr viel einfacher und das Durchhaltevermögen besser, wenn Sie Verstärkung von außen haben.

Der Tritt in den Allerwertesten

Manchmal braucht man kein Zureden und auch kein Verständnis, sondern will einfach ein paar klare und energische Worte hören, um am Ball zu bleiben. Sagen Sie Ihren Unterstützern, dass Sie sich offene Worte von ihnen wünschen. Welche Form diese Worte haben können, hängt von Ihrem Typ ab. Manchen ist mit einem »Stell dich nicht so an!« oder »Los! Mach' das jetzt!« geholfen, andere bringt in einer Selbstmitleidsphase ein ironisches »Heul doch!« zum Lachen – und wieder auf Kurs.

Der äußere Rahmen muss stimmen

Auch der Ort, an dem Sie lernen, Sport treiben, die ungeliebte Ablage bearbeiten … ist maßgeblich. Meist wird gerade dieser Faktor vernachlässigt: »Wo soll ich schon lernen? Zu Hause am Esstisch.«, »Die Ablage mache ich natürlich in meinem Büro, wo sonst?« Aber der äußere Rahmen, in dem Sie auf Ihr Ziel hinarbeiten, sollte idealerweise Ihr Vorhaben nicht nur nicht stören, sondern sogar große LUST darauf machen:

- Ins Fitnessstudio gehen Sie viel eher, wenn der Weg dorthin nicht zu umständlich ist und wenn Sie die Gestaltung der Räume und die Menschen dort mögen.
- Von zu Hause aus diszipliniert zu arbeiten fällt leichter, wenn Sie einen richtigen Arbeitsbereich haben – idealerweise ein eigenes Büro – anstatt einen kleinen Schreibtisch in einer Ecke des Schlafzimmers.
- Für einen Fernkurs zu lernen geht nur mit der nötigen Ruhe und ohne permanente Ablenkungen.
- Der ungeliebte Haushalt flutscht bei Ihnen vielleicht viel besser, wenn Sie Gute-Laune-Musik laut aufdrehen – mit einer flotten CD mit Ihren Lieblingshits halten Sie gleich viel länger durch.

So selbstverständlich das alles klingt, so sind es meist genau diese trivialen Dinge, die wirklich weiterhelfen. Sorgen Sie also immer auch für eine angenehme Umgebung! Fragen Sie sich darüber hinaus: Was würde mein Wohlbefinden noch weiter steigern (vielleicht ein bunter Wandanstrich im Homeoffice), was würde mir Freude machen (besonders schöne Schreibgeräte)? Auch vermeintliche Kleinigkeiten zählen!

3 Der Disziplin endlich Beine machen

→ Jetzt geht's ans Eingemachte! Mit den Übungen und Tipps aus den ersten beiden Kapiteln haben Sie ein Grundgerüst für Ihre Selbstdisziplin geschaffen. So können Sie diese nach und nach stärken. In diesem Kapitel sehen Sie nun, mit welchem Know-how Sie bei konkreten Vorhaben für den nötigen Rückenwind sorgen. So halten Sie sich auf Kurs und erreichen diesmal Ihr Ziel.

Wir sind Gewohnheitstiere

Ihr Gehirn ist der wichtigste Verbündete für Ihre Selbstdisziplin. Professor Manfred Spitzer beschreibt in seinem sehr interessanten Buch »Lernen – Gehirnforschung und die Schule des Lebens« den Lernprozess des Gehirns. Grundlegend ist die Erkenntnis, dass das Gehirn ständig lernt. Uns interessiert an dieser Stelle besonders die sogenannte VERARBEITUNGSTIEFE. Spitzer: »Je intensiver wir uns mit Inhalten beschäftigen, desto eher hinterlassen sie Spuren im Gedächtnis.« (»Lernen«, Seite 6)

3

Wiederholung und Rituale

»Die Macht der Gewohnheit«, heißt es so schön. Und genau diese MACHT ist ein wichtiger Schlüssel, wenn Sie neue Projekte und Fertigkeiten selbstdiszipliniert angehen wollen. Wiederholungen und Rituale bergen viele Vorteile für Sie:

- Kenntnisse und Fähigkeiten werden schneller verinnerlicht,
- Körper und Geist lernen schneller, dadurch werden Sie zügig besser und haben außerdem schneller Erfolgserlebnisse,
- das Integrieren neuer/anderer Verhaltensweisen fällt leichter, wenn Sie sie zu einer festen Größe in Ihrem Alltagsleben machen,
- Sie selbst und auch die Umwelt können sich nach den Gewohnheiten besser richten (zum Beispiel ist Montag- und Mittwochabend selbstverständlicher Lauftermin),
- Rituale geben Sicherheit.

Menschen mit guter Selbstdisziplin wissen, dass sie nur durch stetige Übung (also Wiederholung) Fortschritte erzielen, neue Fertigkeiten etablieren und darauf aufbauend immer besser werden können. Also fangen Sie gleich an, Rituale für Ihre Vorhaben zu nutzen.

Feste Zeiten und Dauer festlegen

Sie helfen sich damit, wenn Sie neuen Angewohnheiten einen festen Platz in Ihrem Tagesablauf geben. Möchten Sie also Frühsport machen, dann genügt es nicht, wenn Sie sich vornehmen, morgens »mal zehn Minuten« auf Ihren Hometrainer zu steigen, sondern Sie sollten das konkretisieren: »Ich stehe um 8 Uhr auf und setze mich dann sofort bis 8.15 Uhr aufs Trimmrad.«

Gewöhnen Sie es sich auch an, Termine mit sich selbst genauso ernst zu nehmen wie Verabredungen mit anderen Leuten. Wenn in Ihrem Kalender eine Stunde für das Pauken Ihres Fernkurses reserviert oder Dienstag- und Donnerstagabend ein Stepp-Kurs ist, dann sollten Ihnen diese Termine heilig sein. Gerade Menschen, die dazu neigen, alles andere den eigenen Bedürfnisse voranzustellen, müssen hierauf besonderes Augenmerk legen!

Vor, nach oder dazwischen

Besonders hilfreich ist es, wenn Sie neue Angewohnheiten mit bestehenden festen Abläufen verknüpfen. Legen Sie zum Beispiel den Frühsport zwischen Aufstehen und Zähneputzen oder reservieren Sie zwischen dem Nachhausekommen und der Tagesschau eine Viertelstunde für Entspannungsübungen …

Die Kommentator-Technik

Probieren Sie aus, wie Sie damit zurechtkommen, wenn Sie sich vorsagen, was Sie in diesem Moment tun und gleich tun werden. Angenommen Sie frühstücken nie, sondern hetzen meistens an den Arbeitsplatz und möchten das gerne ändern. Ihr Kommentieren könnte in diesem Fall so aussehen. Sie sagen sich abends vor: »Jetzt stelle ich den Wecker eine halbe Stunde früher, auf halb acht. Dann stehe ich gleich auf, schalte die Kaffeemaschine ein und gehe erst mal ins Bad. Danach frühstücke ich gemütlich.« Und morgens, wenn der Wecker läutet: »Ah, Aufstehzeit. Jetzt mache ich den Kaffee und gehe ins Bad. Danach frühstücke ich.« Das klingt etwas seltsam, wenn man es so liest, aber es ist eine sehr hilfreiche Taktik: Denn Sie folgen einem konkreten Plan und indem Sie sich das Vorhaben in so kleinen Schritten konkret vornehmen, ebnen Sie den Weg zur Ausführung.

Mentales Training

Vielleicht kennen Sie Mentaltraining vom Sport, wo es gerade auch bei Profisportlern häufig und mit großen Erfolgen angewendet wird. James E. Loehr beschreibt in seinem Buch »Die neue mentale Stärke« die Mechanismen, auf denen Mentaltechniken beruhen, anhand sportlicher Aktivitäten – auch für Laien. Mentaltraining ist aber natürlich nicht auf Sport begrenzt, sondern Sie können es sich für alle Ihre Vorhaben zunutze machen.

In aller Kürze bedeutet Mentaltraining, dass Sie Ihre Gedanken und Emotionen durch Vorstellungskraft positiv beeinflussen. Gehören Sie zu den Menschen, die sich Bilder gut vorstellen können? Dann ist das Visualisieren eine schöne Möglichkeit: Denn Bilder oder gar regelrechte »innere Filme« sind ein starker Verankerungsfaktor für unser Gehirn und damit verbundene Emotionen. Zum Beispiel:

- Während sie noch ihre Akupunktur-Ausbildung macht, stellt sich eine junge Frau vor, wie sie später in ihrer eigenen Praxis steht.
- Der ambitionierte Freizeitläufer sieht sich vor seinem geistigen Auge locker einen Wettkampf bestreiten und triumphierend als Erster die Ziellinie durchlaufen.

Ihr Gehirn lernt auch durch Vorstellungskraft! So können Sie Erlerntes im Gehirn verankern und davon später profitieren, auch wenn es sich nicht um »Faktenwissen« wie Englischvokabeln handelt.

Klappt das mit dem Visualisieren bei Ihnen nicht? Dann seien Sie nicht frustriert! Nicht jeder kann gedanklich wirklich Bilder sehen. Ihr Gehirn lernt auch schon mit reiner Logik. Zum Beispiel:

- Wer im Tanzkurs ist, kann die Tanzschritte beim Warten auf die U-Bahn gedanklich durchgehen.
- Beim Erlernen des Zehn-Finger-Schreibsystems können Sie sich vor dem Einschlafen die Anordnung der Buchstaben vor Augen führen.

Probieren Sie es aus! Derlei Vorstellungen nützen Ihnen tatsächlich in der Praxis. Und Sie können außerdem unerwünschte Wartezeiten plötzlich sehr effektiv nutzen!

Hier schließt sich übrigens auch wieder der Kreis zum positiven Ausblick (→ Seite 23 f.): Wenn Sie sich in Gedanken realistisch-positiv einstimmen, öffnen Sie Ihren Horizont für verschiedenste Ansätze und Ideen, verbessern damit Ihre Vorbereitung und werden bei der Umsetzung erfolgreicher sein.

Dem Widerwillen ein Schnippchen schlagen

Unangenehmes schiebt man gerne vor sich her: Für den einen ist es die Steuererklärung, bei anderen ist es ein Kritikgespräch oder die Bitte um eine Gehaltserhöhung.

Stellen Sie sich vor, Ihr Schreibtischnachbar im Büro hat die Angewohnheit, Selbstgespräche zu führen. Das stört sie. Obwohl Sie wissen, dass Sie es ansprechen sollten, scheuen Sie das Gespräch – sind aber durch das ständige Gemurmel weiterhin gestört. Jetzt kommt ein Schneeball ins Rollen, der sich langsam, aber sicher zur Lawine entwickelt: Zunächst ärgern Sie sich innerlich, dass Sie nicht arbeiten können. Sie probieren vielleicht bestimmte Taktiken aus, um damit umzugehen, etwa sich in Konzentration zu üben oder das Radio lauter zu drehen. Je weniger das klappt, desto deutlicher werden Sie auf die Selbstgespräche reagieren. Innerlich baut sich Ärger gegenüber dem Kollegen auf: »Wie rücksichtslos kann man nur sein! In einem Gemeinschaftsbüro hat man aufeinander zu achten … Dem ist ja wohl alles egal … der blöde Egoist!« Sie sind so aufgebracht, dass Sie gar nicht mehr normal mit dem Kollegen umgehen können. Die Stimmung wird eisiger. Sie reden nur das Nötigste. Abends bestimmt der Ärger die Gespräche mit dem Partner und morgens, noch bevor Sie das Büro betreten, sind Sie schon auf 180, weil es heute wieder von vorne losgeht und Sie nicht in Ruhe arbeiten können … In dieser Weise entwickeln sich viele kleinere Vorhaben, die uns unangenehm sind, zu großen Problemen.

Vom Widerwillen zum Wollen

Wollen würden Sie ja eigentlich, aber dem Willen steht der Widerwille entgegen. Und der kommt in unterschiedlicher Ausprägung: Vom leichten Unbehagen über die Lustlosigkeit bis hin zum regelrechten Horror ist alles drin. Gehen Sie am besten wie ein Arzt vor, der zunächst die richtige Diagnose stellt: Worin besteht der Widerwille?

Sie möchten gern ins Fitnessstudio gehen, tun es aber nicht. Warum?

- Sie schämen sich, weil Sie glauben, alle sind rank, schlank, fit und hübscher als Sie.
- Sie hassen Bewegung.
- Sie glauben, Sie kämen nicht mit als Neuling, und haben Angst.
- Sie wissen, dass Sie Schwierigkeiten haben, etwas durchzuziehen, und scheuen daher den »offiziellen Start«.
- Ihr Freund will unbedingt mitgehen und der kritisiert Sie ständig.

ÜBUNG

Warum so widerwillig?

- Schreiben Sie spontan auf, was Ihnen an Ihrem Vorhaben alles nicht passt und wo Sie Bedenken oder eine regelrechte Antihaltung spüren. Notieren Sie dabei auch, wenn Sie einfach ein ungutes Gefühl haben und Sie noch nicht näher benennen können, worin der Grund für den Widerwillen besteht. Entscheidend bei dieser Übung ist: Gehen Sie nicht zu schnell in die Konkretisierungsphase über, sondern lassen Sie Ihre Liste mit den Antigefühlen und -gründen etwas liegen und ergänzen sie immer mal wieder. So gut wie immer kommt nach dem ersten Gedankenschwung noch eine zweite »Welle« mit weiteren und tieferen Gründen zum Vorschein.
- Knüpfen Sie danach in einem zweiten Schritt an und konkretisieren Sie jeden einzelnen Punkt aus Phase 1: Was genau bedeutet das? Wie geht es mir damit? Warum bin ich in diesem Punkt negativ, frustriert oder auch trotzig? Durch diese Übung erhalten Sie nicht nur Erkenntnisse, die für die erfolgreiche Durchführung Ihres Vorhabens maßgeblich sind, sondern Sie nehmen sich selbst – und auch Ihre Antihaltung – ernst.

Anhand dieser wenigen Beispiele sehen Sie schon, warum es so wichtig ist zu konkretisieren. Denn nur so kommen Sie dem Widerwillen auf die Spur und finden heraus, was Sie davon abhält, die unangenehme Sache anzupacken.

Sehr häufig sind es Spekulationen und die Tendenz zur Schwarzmalerei, die Selbstzweifel oder Furcht auslösen und forcieren. Und je mehr Sie sich in die vermeintlich sicheren negativen Konsequenzen hineinsteigern, desto realer erscheinen sie Ihnen. Das Konkretisieren hilft Ihnen dabei, Annahmen von Fakten zu trennen.

Schöne Aussichten

Alles, was motiviert, gibt Ihnen Schwung und macht Ihnen Lust darauf, loszulegen – sogar bei gruseligen Projekten. Und vor allen Dingen ist Motivation entscheidend für das Durchhalten! Diesen Rückenwind können Sie besonders gut bei unangenehmen Dingen brauchen.

Überlegen Sie also, was Ihnen alles winkt, wenn Sie Ihr Vorhaben realisiert haben. Achten Sie dabei auf das eigentliche ZIEL, wenn andere beteiligt sind, auf den Faktor BEZIEHUNG und auch auf Ihren persönlichen GEWINN. Um das zu verdeutlichen, sehen wir uns noch mal das Beispiel des Kollegen an, der Sie durch seine Selbstgespräche stört. Wenn Sie das Gespräch mit ihm führen,

- können Sie wieder in Ruhe arbeiten,
- sorgen Sie für eine gute Beziehung,
- binden Sie Ihre Energien nicht durch wiederkehrenden und sich aufstauenden Ärger,
- können Sie entspannter zur Arbeit gehen, weil Sie nicht schon von vorneherein genervt sind,
- zeigen Sie Ihrem Kollegen, dass Sie das offene Gespräch suchen, wenn Sie etwas stört oder belastet,
- handeln Sie lösungsorientiert,
- schulen Sie Ihre Kommunikationsfähigkeiten,
- werden Sie stolz auf sich sein, dass Sie das direkte Gespräch initiiert haben und für Ihr Anliegen eingetreten sind.

Jede unangenehme Angelegenheit, der Sie am liebsten aus dem Weg gehen möchten, belastet Sie umso mehr. Und je mehr Sie sich davor drücken, desto mehr verschlimmert sich der Druck – denn das Problem löst sich ja nicht in Luft auf. Ihre Unzufriedenheit wächst nämlich auch, wenn Sie nur passiv aushalten anstatt für die eigenen Bedürfnisse einzutreten.

Der andere soll aber!

Insbesondere wenn andere Menschen beteiligt sind, neigen wir gerne dazu, uns auf den Standpunkt zu stellen, die andere Person müsse handeln, man selbst sei »nicht zuständig«. Schon haben wir eine Ausrede dafür, selbst nicht aktiv werden zu müssen.

Je unangenehmer die Sache, um die es geht, desto größer ist der Rückzugsreflex. Das ist menschlich verständlich. Aber Sie sollten sich unbedingt bewusst machen, dass Passivität Ihnen immer zum Nachteil gereicht! Machen Sie sich nicht davon abhängig, dass und ob ein anderer Mensch tätig wird, sondern nehmen Sie selbst das Steuer in die Hand.

Hürden und Stolpersteine überwinden

Sie haben wichtige Vorarbeiten geleistet – nun steht das Tun bevor, Sie spüren aber noch immer ein flaues Gefühl in der Magengegend?

Um es etwas dramatisch auszudrücken: Es gibt kein Wachstum ohne Schmerz. Dass Sie weiche Knie haben, wenn Sie sich an eine unangenehme oder schwierige Angelegenheit heranwagen, ist völlig normal – und kann Ihnen sogar nützen. Wie Sie ja schon wissen: Übung und Wiederholung versetzen Ihre persönlichen Grenzen, und beim nächsten Mal ist etwas, das Sie heute als Hürde betrachten, schon gar nicht mehr so schlimm.

Sehen wir uns an, wie Sie sich selbst stärken können, um auch ein mulmiges Gefühl auszuhalten und Ihr Anliegen durchzuziehen. Um zu verdeutlichen, was jeweils gemeint ist, führen wir das Beispiel des Gesprächs mit einem Kollegen weiter.

Schritt 1: Stimmen Sie sich positiv ein und machen Sie sich Mut

Statt sich mit negativen Spekulationen, warum das Vorhaben sinnlos ist oder eine Katastrophe wird, zu demotivieren, helfen Sie sich, wenn Sie sich selbst gut zureden und sich in Ihrem Vorhaben bestärken.

− »Bestimmt lässt er nicht mit sich reden und es kommt zu einem Streit und danach macht er mit Absicht schlimmer weiter als zuvor.«

+ »Es ist gut, wenn ich das direkte Gespräch suche. Ich selbst möchte es auch, dass mir Kollegen offen sagen, wenn sie etwas stört.«

Das Sich-gut-Zureden nützt Ihnen in jeder Situation, auch wenn niemand außer Ihnen daran beteiligt ist. Schaltet sich die Gedankenmühle ein (»Das schaffe ich nicht.«, »Das ist so eine furchtbare Aufgabe.«), dann halten Sie dagegen und sprechen Sie konstruktiv-positiv mit sich. Das klingt banal, macht aber einen Riesenunterschied.

Schritt 2: So halten Sie durch

Wenn Sie eine unangenehme Situation angepackt haben und Ihnen währenddessen mulmig wird, können Sie das einfach aussprechen (»Es ist mir etwas unangenehm, das anzusprechen, aber mir ist es wichtig, dass wir das klären …«). Dadurch verliert die Situation etwas von ihrem Schrecken. Übrigens nimmt es auch Aggressivität heraus, wenn Sie einfach sagen: »Ich bin etwas aufgeladen, weil …« Oder auch: »Ich bin ziemlich sauer wegen …«, anstatt Ihrer Wut anderweitig Ausdruck zu verleihen. Probieren Sie es aus!

Je unangenehmer eine Sache ist, desto mehr greift die Gefahr eines Rückziehers: Anfangen und es dann doch wieder abbrechen, vor sich selbst oder der anderen Person die Angelegenheit relativieren … All das führt Ihren Vorsatz und Ihre guten ersten Schritte, die Sache zu klären, ad absurdum. Sie ärgern sich hinterher am meisten selbst darüber, dass Sie eingeknickt sind.

Bemerken Sie bei sich den Impuls, doch wieder klein beizugeben, führen Sie sich schnell wieder zurück auf Kurs:

➖ »Ja, ich weiß, dass du mich nicht absichtlich stören möchtest. Eigentlich ist es ja keine große Sache. Selbstgespräche führt jeder mal …«

➕ »Dass du das nicht machst, um mich zu stören, ist mir klar. Dennoch ist es wichtig, dass wir das klären, weil ich so einfach nicht arbeiten kann. Ich werde einfach zu sehr abgelenkt …«

Es hilft auch, wenn Sie sich einen Gesprächsleitfaden zurechtlegen: Notieren Sie sich alle Überpunkte und mögliche Lösungsansätze, die Sie gefunden haben, und nehmen Sie diese Stichworte mit in das Gespräch. So haben Sie schwarz auf weiß vor Augen, was Sie alles klären möchten und können sich daran festhalten.

Geht es um eine Angelegenheit, die Sie alleine erledigen, etwa die ungeliebte Steuererklärung, für die Sie schon alles zurechtgelegt haben, aber nach den ersten paar Zeilen schon keine Lust mehr haben, können Sie sich innerlich antreiben, indem Sie sich vorhalten: »Von wegen aufhören! Das ziehe ich jetzt durch. Wenn ich dranbleibe, ist das in weniger als zwei Stunden vom Tisch!« Oder sagen Sie sich: »Jetzt habe ich mich gut vorbereitet, mich endlich aufgerafft, die Sache anzupacken – da gebe ich jetzt doch nicht wieder auf!«

Schritt 3: Nachbearbeiten und daraus lernen

Haben Sie sich der unangenehmen Sache gestellt? Hervorragend! Sie dürfen mit Recht sehr stolz auf sich sein. Aber horchen Sie jetzt auch in sich hinein: Wie war es denn nun genau? Inwiefern haben Ihre Annahmen, wie die Sache verlaufen wird, mit der Realität übereingestimmt? Wie unangenehm, komplex oder schwierig war die Sache denn nun wirklich?

Lernen Sie aus dieser Erfahrung und speichern Sie ganz bewusst ab, was gut gelaufen ist und warum. Und: Welche Schlüsse ziehen Sie daraus? Halten Sie auch diese fest – etwa, dass Sie die Sache so lange vor sich hergeschoben haben und jetzt feststellen mussten, dass es gar nicht so tragisch war. Und gucken Sie natürlich auch näher hin, wenn etwas nicht so gut gelaufen ist. Jede Erfahrung, die Sie konstruktiv auswerten, nutzt Ihnen für das nächste Mal!

Ist Ihr Ziel das richtige?

Wie wichtig das richtige Ziel ist, wissen Sie schon aus eigener Erfahrung. Stellen Sie diese Frage bei Ihrer Planung auf jeden Fall immer an den Anfang: Will ich das überhaupt? Wenn ja, warum will ich das? Überprüfen Sie Ihre Ziele immer wieder – auch zu einem späteren Zeitpunkt! Und trauen Sie sich ruhig, die Weichen auch anders zu stellen. Je komplexer das Vorhaben ist, desto mehr Ausdauer und Durchhaltevermögen brauchen Sie. Ist Ihnen das Ziel aber die Sache gar nicht wert, lohnt es sich natürlich nicht, dafür zu schwitzen oder sich in irgendeiner Weise einzuschränken, das Leben umzustellen und auch mal Unannehmlichkeiten auszuhalten – die es ganz sicher geben wird! Stimmt aber die Grundvoraussetzung und Sie möchten das, was Sie sich vorgenommen haben, auch wirklich erreichen, weil Sie einen Sinn darin sehen, dann ist ein gutes Fundament da.

Denken Sie an den Leidensdruck!

Stehen Sie vor einem komplexeren Vorhaben, das Ihnen viel abverlangen wird, dann setzen Sie sich mit dem Leidensdruck auseinander: Was genau kann nicht mehr so weiterlaufen? Wo wird es hinführen, wenn Sie das Vorhaben nicht angehen und in Ihrer bestehenden Komfortzone bleiben? Auch dieser negative Blickwinkel wirkt sich konstruktiv auf Ihren Tatendrang und Ihr Durchhaltevermögen aus!

Ziele richtig setzen

Geben Sie sich immer eine Deadline! Eines der parkinsonschen Gesetze lautet: Die Arbeit dehnt sich in genau dem Maß aus, wie Zeit für ihre Erledigung zur Verfügung steht. Die Devise »Machen wir mal, dann sehen wir schon« führt meistens dazu, dass man ewig plant und redet und denkt, aber nichts tut. Setzen Sie sich daher einen TERMIN. Der Termin sollte folgende Bedingungen erfüllen:

- Er muss realistisch sein.
- Er muss ernst gemeint sein.
- Und er muss Sie fordern.

Vorhaben, die sich unnötig wie Kaugummi ziehen, rauben Ihnen die Motivation. Wenn Schwung in der Sache ist und Sie wissen, dass Sie Ihrem Ziel entgegengehen, läuft es gleich ganz anders!

Dazu kommt, dass alles, was Sie ständig vor sich herschieben, auch Ressourcen bindet: Sie haben es ständig im Hinterkopf (»Ach, ich wollte ja auch noch ...!«), werden unzufrieden (»Das schiebe ich jetzt schon ein Jahr lang vor mir her!«) oder gar unleidig (»Nicht mal das krieg' ich auf die Reihe!«).

Bannen Sie diese kleinen und großen Vorhaben auf Papier, machen Sie konkrete Ziele aus Ihnen – und gehen Sie ans Werk, anstatt sie im Kopf um und um zu drehen. (Und denken Sie auch unbedingt daran, Ihre Teilziele mit Terminen zu versehen!)

Komplexe Ziele durchplanen

Je umfassender ein Vorhaben, desto wichtiger ist es, dass Sie einen richtigen Plan dafür machen. Denn erst dadurch

- bekommen Sie ein klares Bild, wie komplex Ihr Vorhaben ist,
- können Sie die nötige Zeit und die sinnvolle Reihenfolge von Tätigkeiten einteilen,

Wie lautet Ihre Zielsetzung?

1. Was wollen Sie erreichen?
2. Konkreter: Was gehört alles dazu?
3. Welcher Nutzen entsteht Ihnen daraus (auf die Sache bezogen und an persönlichem Gewinn)?
4. Bei komplexen Vorhaben: Wie sieht die Zeitplanung, die Reihenfolge beziehungsweise die Prioritäten aus?
5. Was sind die nötigen Aufgaben (was gibt es – detailliert heruntergebrochen – zu erledigen)?
6. Was sind mögliche Teilziele (»milestones«)? Was muss bis zu welchem Zeitpunkt erledigt sein?

Wenn Sie diese Fragen gewissenhaft durchgehen und überdenken, erhalten Sie eine erste Orientierung. Ihre Notizen funktionieren wie ein Routenplaner, der Ihnen Ihren Weg vorzeichnet und der dabei hilft, schnelle Fortschritte zu machen. Vor allem können Sie mit dieser Übersicht Ihre Ressourcen clever einplanen, sodass Sie auch tatsächlich durchhalten, selbst wenn es sich um größere, langwierige Vorhaben handelt.

- zerhacken Sie Ihr Ziel in kleinere »Häppchen«, die nicht nur leichter zu bewältigen sind, sondern die Sie auch viel besser nebenbei erledigen können,
- sind Sie aufmerksam für weitere Aspekte oder Personen, die beteiligt sind oder die Sie mit einbeziehen müssen oder können, etwa um Unterstützung zu erhalten.

Dieses Konkretisieren Ihres Ziels kann dazu führen, dass Sie das Ausmaß Ihres Vorhabens erst richtig erkennen. Das kann positiv sein und Sie motivieren, weil Sie feststellen, dass auch ein komplexes Vorhaben sehr viel besser handhabbar ist, wenn Sie einen Plan haben und diesen Schritt für Schritt abarbeiten können. Es kann aber auch im ersten Moment ein Schock sein: »So umfangreich habe ich mir das gar nicht vorgestellt! Ob das nicht zu schwierig für mich ist?« Vielleicht haben Sie spontan auch das Gefühl, es momentan einfach nicht zu schaffen, weil Ihr eigentliches Ziel zu schwierig, zu teuer oder aus sonstigen Gründen derzeit nicht realisierbar ist.

Plan B

Prüfen Sie in diesen Fällen, ob das Ziel wichtig für Sie ist. Und gehen Sie es dann wirklich in ganz kleinen Teilschritten an. Konzentrieren Sie sich nur auf die Milestones – und es wird zu stemmen sein.

Gewöhnen Sie sich für alles im Leben an, sich über einen »Plan B« Gedanken zu machen. »Plan A« ist dabei das Ideal, das Sie erreichen möchten. Der »Plan B« ist der kleine Bruder Ihres Ideals: entweder eine abgespeckte Variante dessen, was Sie erreichen möchten. Oder aber ein Zwischenstadium, das Sie erst einmal anstreben und von dem aus Sie dann weiter auf »Plan A« zusteuern können.

Mit den richtigen Werkzeugen zum Ziel

Um ein Vorhaben gut zu durchdenken und den Blick auf alle einbezogenen Details zu schärfen, sind folgende Methoden nützlich:

Das MindMap

Beim Brainstorming sammelt man spontane Ideen und hinterfragt und strukturiert alles erst in der Nachbearbeitung. Für das Konkretisieren Ihres Zieles ist so ein Brainstorming hilfreich – zum Beispiel in Form eines so genannten MindMaps.

Beim MindMap schreiben Sie Ihr Ziel in die Mitte eines großen Blattes Papier und schreiben dann alle Ihre Gedanken dazu auf. Von diesem Zentrum aus beginnen Sie nun mit dem ersten Stichwort, das Ihnen zum Thema einfällt, und notieren dann wiederum alle Ideen, die zu diesem Gedankenstrang gehören.

Beginnen Sie immer mit einem neuen Ast, wenn Ihnen ein neuer Aspekt Ihres Zieles in den Sinn kommt. Passt ein Einfall zu einem anderen Thema, das Sie schon auf dem Blatt stehen haben, fügen Sie diesen natürlich dort an.

Die Rückwärtsplanung

Sie können auch mit der Zeitplanung starten und von da aus sowohl eine Zeitleiste als auch eine inhaltliche Planung erstellen. Nehmen Sie sich dazu ein realistisches Datum vor, bis zu dem Sie Ihr Ziel erreicht haben wollen. Manchmal ist es schon vorgegeben, zum Beispiel, wenn Sie einen Fernkurs belegen und die letzte Prüfung dafür zu einem bestimmten Datum stattfindet.

Nehmen Sie wieder ein großes Blatt Papier zur Hand und schreiben Sie das Enddatum, quasi wie ein »Ziel-Banner« hin, zum Beispiel den 31. Dezember.

Nun denken Sie rückwärts: Wenn ich am 31. Dezember … erreicht haben möchte, was muss dann vorher alles passieren? Auf diese Weise ergibt sich eine logische Reihenfolge bestimmter Handlungen. Und Sie erkennen dadurch auch sehr schnell, ob Ihr gesetztes Zeitziel oder aber das Pensum, das Sie sich vorstellen, realistisch ist.

Die To-do-Liste

Besteht Ihr Vorhaben aus einem Berg an Aufgaben, die einfach abgearbeitet werden müssen, ist eine To-do-Liste ein hervorragendes Werkzeug, um sich Überblick zu verschaffen und die Aufgabenbereiche zu konkretisieren.

Anwendungsbeispiele: Sie versinken in Arbeit und Ablagestapeln. Deshalb wollen Sie jetzt erst einmal Ihren Arbeitsplatz in Ordnung bringen und sich einen Überblick verschaffen. Oder Sie machen einen Fernlehrgang und brauchen einen konkreten Lernplan, damit Sie wissen, was Sie pro Woche alles lernen müssen.

Es ist empfehlenswert, die To-do-Liste nicht im PC zu führen, sondern manuell mit Blatt und Papier – am besten verwenden Sie einen Bleistift. Dann können Sie Erledigtes sofort wegradieren und müssen nicht jedes Mal zum Computer rennen. Sie behalten dadurch nicht nur einen guten Überblick, sondern haben auch immer vor Augen, wie Ihr Aufgabenberg buchstäblich schwindet.

Wichtig bei der To-do-Liste ist, dass Sie einzelne Aufgaben deutlich herunterbrechen. Notieren Sie also nicht nur »Behördensachen: neue Firma«, sondern »Gewerbeamt, Rechtsform checken, Businessplan für Arbeitsagentur …«. Dadurch stellen Sie sicher, dass Sie nichts vergessen und Sie können einzelne Teilaufgaben zwischendrin erledigen, weil Sie sehen, dass es eine kleinere Sache ist. Der gute Nebeneffekt: Sie merken auch, falls Ihnen noch Informationen fehlen – nämlich immer dann, wenn Sie die kleinen konkreten To-do's gar nicht kennen (Was macht man beim Gewerbeamt? Was ist denn die Rechtsform der eigenen Firma?).

So verzetteln Sie sich nicht

Wenn Sie Ziele mithilfe dieser Methoden konkretisieren, fallen Ihnen erfahrungsgemäß eine ganze Menge weiterer Ideen oder auch Probleme ein. Notieren Sie diese auf einem anderen Blatt. Es ist wichtig, dass Sie sich nicht selbst vom Kurs abbringen, indem Sie jeden Gedanken sofort hinterfragen oder sich von Hindernissen ablenken lassen. Führen Sie Ihre ursprüngliche Aktion fort und brechen Sie Ihr Ziel entsprechend herunter. Nehmen Sie sich dann in einem nächsten Schritt Ihre »geparkten« Gedanken vor.

Tauchen Sie ein in Ihre Gefühlswelt

Frust und Unlust werden nicht von irgendwelchen äußeren Widrigkeiten ausgelöst, sondern entstehen allein in unseren Gedanken. Denn wie wir Dinge bewerten, bestimmt darüber, ob wir etwas kraftvoll oder mutlos anpacken.

In dieser Bewertung liegt daher auch begründet, wie viel Durchhaltevermögen man zeigt. Lohnt es sich weiterzumachen? Steht jemand wieder auf, wenn er eine Bauchlandung hingelegt hat, oder bleibt er liegen und bemitleidet sich? Können Sie sich und Ihre Selbstdisziplin jetzt schon besser einschätzen? Was schätzen Sie, wie hoch ist Ihre Frustrationstoleranz?

Wie sehen Sie Ihr Ziel tatsächlich?

Für Ihre Selbstdisziplin ist von größter Bedeutung, für wie realistisch Sie Ihr Ziel überhaupt halten. Angenommen, eine Frau möchte sich selbstständig machen. Die Qualifikation ist da, die Geschäftsidee ist gut und da sie aus dem Homeoffice arbeiten kann, ist auch kein hohes finanzielles Risiko damit verbunden. Doch beim Gedanken an das Alleine-zu-Hause-Arbeiten wird unserer Existenzgründerin flau im Magen: Denn sie braucht Menschen um sich herum und Zuspruch und kann sich die Arbeit ohne einen äußeren Rahmen nicht gut einteilen. Ihre großen Bedenken, was das Alleinearbeiten betrifft, können die weiteren Schritte zur Realisierung des eigenen Business boykottieren, weil unterschwellig ein »Das schaff ich alleine nicht, ich vereinsame!« im Kopf herumspukt.

Dieses Beispiel können Sie auf alle möglichen Ziele im Leben anwenden: Wenn die emotionale Überzeugung nicht da ist, wirkt das wie eine innere Handbremse, die im Extremfall Ihr Vorhaben sogar boykottiert, ohne dass Sie sich dessen bewusst sind. Darum ist es wichtig, dass Sie auch Ihre Gefühlswelt genau prüfen, bevor Sie sich an die Umsetzung machen. Respektieren Sie Ihre Gefühle! Relativieren Sie sie nicht, indem Sie sich mit anderen vergleichen, und reden Sie sie – und sich selbst – nicht klein. Häufig erlebe ich es in Coachings, dass Menschen sehr streng mit sich sind und Dinge sagen wie: »Andere stellen sich auch nicht so an.« Damit fallen Sie sich selbst in den Rücken. Hören Sie sich immer selbst zu und nehmen Sie alle Emotionen ernst. Denn nur dann können Sie sich ihrer annehmen.

- Konkretisieren Sie Ihre Bedenken.
- Fragen Sie sich: Was müsste sein? Was kann ich tun, damit es mir in diesem Punkt besser geht, damit ich mich sicherer fühle?
- Wer oder was kann mir dabei helfen?

Einfach keine Lust

Seien wir ehrlich: Oft scheitert es auch einfach an der Bequemlichkeit. Man will. Man könnte. Man hat nicht einmal unbedingt etwas gegen die Sache, die es zu tun gilt. Aber man hat einfach keine Lust!

Beim ersten Anzeichen, dass Sie schlapp machen oder Ausreden suchen, heißt es Alarmstufe Rot. Jetzt nur nichts einreißen lassen, sonst ist Ihr Vorhaben schnell komplett verloren. Oder kennen Sie so etwas etwa nicht: »Ich bin seit drei Monaten jeden Dienstagabend zum Schwimmen gegangen. Es hat mir gut getan. Ich war eisern. Dann bin ich einmal nicht hin, weil ich keine Lust hatte. Und irgendwie bin ich dann die nächste Woche auch nicht hin. Und dann bin ich gar nicht mehr gegangen. Ich weiß eigentlich gar nicht, warum.«

Wehren Sie den Bequemlichkeitsanfängen. Gerade die erste Phase ist entscheidend! Denn jetzt muss sich das neue Verhalten erst etablieren. Und viele Vorhaben werden erst nach einiger Übung leichter und machen mehr Spaß. Nur wenn Sie diese erste Zeit auch wirklich aushalten, überstehen Sie die kritische Anfangsphase, in der die meisten das Handtuch werfen. Halten Sie mit den folgenden Tricks dagegen.

Überzeugen Sie sich selbst!

Halten Sie sich Ihre Ziele und deren positiven Auswirkungen vor Augen, etwa indem Sie sich eine Collage basteln, Ihren Plan oder Ihre Aufzeichnungen ansehen. Dadurch erinnern Sie sich, warum Sie tun, was Sie tun. Haben Sie bereits eine Teilstrecke zurückgelegt, dann betrachten Sie, was Sie schon an Erfolgen verbuchen können. Und auch, was Sie jetzt nur aus Bequemlichkeit wieder einbüßen würden.

Seien Sie streng mit sich

Es ist nicht gut, jemanden durch Schimpfen unter Druck zu setzen – auch dann nicht, wenn Sie es selbst tun. Außerdem erzeugt Schimpfen immer eine Trotzreaktion. Lernen, auch wenn es um das Erlernen von Ausdauer und Durchhaltevermögen geht, funktioniert am besten, wenn man Freude dabei hat. Seien Sie streng zu sich, aber beschimpfen Sie sich nicht. Es genügt völlig, wenn Sie sich Ihre Bequemlichkeit nicht einfach durchgehen lassen. Da kann schon ein Selbstgespräch reichen, in dem Sie etwas deutlicher werden, wie: »Jetzt stell' dich nicht so an, natürlich gehst du heute Abend schwimmen! Pizzaessen mit der Freundin kannst du auch in den nächsten Tagen.«

Konzentrieren Sie sich auf das Positive!

Diese Technik nenne ich auch die »Fokus-Brille«: Anstatt sich auf das Anstrengende und Unangenehme zu konzentrieren, setzen Sie den Fokus auf die positiven Aspekte. Was bringt Ihnen der Weg auf Ihr Ziel zu an guten Dingen? Was ist die persönliche Befriedigung, wenn Sie dem Bequemlichkeitsdrang widerstehen? Zahlreiche Beispiele für die Fokus-Brille finden Sie in → Kapitel 4, ab Seite 101.

Machen Sie einen Deal mit sich

Winken Sie sich mit einer Belohnung: Auf dem Rückweg von der Joggingrunde holen Sie sich eine leckere Kleinigkeit vom italienischen Restaurant an der Ecke. Oder da Sie heute zu bequem sind, holen Sie die Einheit dafür gleich morgen Abend nach. Wichtig: Deals mit sich selbst sind Ehrensache! Wenn Sie also beispielsweise einen Termin tauschen, dann muss dieser auch wirklich ohne weitere Verhandlungen eingehalten werden.

Lassen Sie sich von einem Verbündeten zurechtpfeifen

Genau für diese Anlässe – Sie haben einfach keine Lust mehr und würden am liebsten alles hinschmeißen – sollten Sie andere Menschen in Ihre Vorhaben einweihen und »impfen«, dass diese Sie zurück auf Kurs bringen, wenn Sie schwächeln. Das kann jemand sein, der das Vorhaben gemeinsam mit Ihnen durchzieht – also etwa ein Sportpartner, der Ihre Ausrede nicht gelten lässt. Das kann aber auch jemand aus Ihrer Familie oder Ihrem Freundeskreis sein.

Rückschläge und Niederlagen

Erfüllen sich unsere Erwartungen oder Ansprüche nicht in der Form, wie wir uns das vorgestellt haben, sind wir frustriert. Das passiert uns immer wieder im Leben und sollte auch kein Problem sein – es gehört einfach dazu.

Wenn Sie mehr erreichen möchten und auch aus Ihrer Komfortzone ausbrechen, neue Gewohnheiten erlernen oder Lebensweisen aktiv verändern, dann ist es unabdingbar, dass es zu Enttäuschungen kommt: Weil Sie zwangsläufig mal ein Plateau erreichen und denken stillzustehen oder auch weil Sie tatsächlich mal den Kürzeren ziehen. Je mehr Sie sich so etwas zu Herzen nehmen, je niedriger also Ihre Frustrationstoleranz ist, desto mehr Stolpersteine legen Sie sich selbst in den Weg.

Eigenmotivation lässt sich lernen

Sich selbst zu motivieren ist eine unschätzbare Fähigkeit, die Sie lernen und an der Sie feilen können. Ganz klar, dass Ihre Selbstdisziplin sehr viel ausgeprägter ist, je mehr Sie in der Lage sind, sich selbst zu motivieren – Sie stecken Rückschläge oder Niederlagen einfach besser weg und sind schneller wieder auf Kurs. Und Sie können Energien mobilisieren. Ganz besonders, wenn es brenzlig wird – etwa wenn die Zeit für ein wichtiges Projekt knapp ist und Sie Ihre Anstrengung verdoppeln müssen, um alles einwandfrei fertigzustellen –, steht und fällt alles mit Ihrer Eigenmotivation.

3

Zuckerbrot oder Peitsche – wie können Sie sich anfeuern?

Jeder Mensch tickt anders. Während sich der eine damit motivieren kann, dass er sich eine Belohnung verspricht, wenn Aufgabe X fertiggestellt ist, gähnt der andere nur müde und ist störrisch wie ein Esel: Wenn er nicht mag, mag er halt nicht, da hilft auch keine Belohnung.

Belohnungen

Belohnungen können durchaus eine schöne Motivation sein:

- Sie gönnen sich einen schönen Wellnesstag, wenn das Haus endlich erfolgreich entrümpelt ist.

→ Sie versprechen sich ein schönes Kleid, wenn die angepeilten fünf Kilo geschafft sind.

Wichtig bei Belohnungen ist, dass sie im Verhältnis zu Ihren Anstrengungen stehen. Ein unangenehmes Kundentelefonat muss erledigt werden, bevor Sie sich einer schönen, kreativen Tätigkeit zuwenden können. Eine lange E-Mail wird erst abgearbeitet, bevor Sie ein Kaffeepäuschen machen dürfen.

Belohnen Sie sich also nicht inflationär und geben Sie darauf Acht, dass die Belohnung Ihr Vorhaben nicht sabotiert. Ein schönes Beispiel dafür sind die Abnehmwilligen, die sich die ganze Woche zurückhalten und sich dann sonntags Pizza und Schokolade als Belohnung gönnen. Damit sabotiert man nicht nur die Diät, sondern bringt sein Vorhaben selbst in die unschöne Selbstkasteiungsecke: »Das eigentlich Tolle ist nach wie vor die Pizza und endlich, endlich darf ich am Sonntag davon essen!« Diese Selbstsabotage schlägt nicht nur auf der Waage, sondern auch emotional zu Buche. Suchen Sie sich stattdessen Belohnungen, die Ihnen gut tun oder die Ihr Vorhaben sogar stützen – zum Beispiel eine schöne DVD, neue Sportschuhe …

Kleine Motivationsspritzen

Nehmen Sie sich die Zeit und überlegen Sie sich, was Sie motiviert! So haben Sie nicht nur mehr Spaß bei der Umsetzung Ihrer Ziele, sondern können, wenn es im Gebälk Ihrer Selbstdisziplin doch mal knirscht, effektiv entgegenwirken.

Ob spürbare Fortschritte, Verbündete, die am gleichen Ziel arbeiten oder schöne Belohnungen – listen Sie alles auf, was Sie in der Vergangenheit angespornt hat oder was Sie sich gewünscht hätten. Hinterfragen Sie auch hier immer, wie diese Motivationsspritze für Ihr aktuelles Vorhaben ganz konkret aussehen könnte und warum sie Sie motiviert. So kommen Sie auch auf weitere Motivationsfaktoren. Und von denen können Sie nie genug haben!

Was motiviert Sie? Hier finden Sie zur Inspiration einige Motivationsmöglichkeiten:

- einen strukturierten Plan haben und die nächsten Schritte klar vor sich sehen
- spürbare Fortschritte (besser werden im Sport, »leichter« werden beim Abnehmen ...)
- Fortschritte sichtbar machen (Werkzeuge dafür finden Sie ab → Seite 89.)
- Feedback anderer (differenzieren Sie hier unbedingt, ob Sie Zuspruch, Tipps und Tricks oder auch Kritik und »in den Hintern treten« motiviert – so können Sie gezielt darum bitten)
- Bewunderung anderer
- über den eigenen Schatten springen
- die Messlatte etwas höher legen, sodass Sie sich anstrengen müssen
- sich kleinere, leicht erreichbare Teilschritte vornehmen und dadurch schneller Fortschritte machen
- etwas Schwieriges meistern
- zurückblicken auf das, was Sie schon geschafft haben (auf das aktuelle Vorhaben bezogen, aber auch ganz generell auf Ihr Leben)
- Belohnungen
- »Strafen« (für Versäumnisse oder bei Vermeidungstaktik)
- zusammen mit Verbündeten am gleichen Ziel arbeiten
- in der Gruppe handeln
- sich mit anderen austauschen
- sich mit Leuten vergleichen (konkretisieren Sie, ob es Sie motiviert, wenn Sie sich Vorbilder suchen, die besser sind als Sie, oder ob es Sie mehr motiviert, wenn Sie sich mit Menschen vergleichen, die schlechter abschneiden)
- Erfolgsstorys anderer lesen oder hören
- Ihre Erfolge bekannt machen
- Und wie immer gilt: Hinterfragen Sie unbedingt, warum Sie speziell diese Sache motiviert. So kommen Sie auch noch auf weitere Motivationsfaktoren!

Strafen als Anreiz

Doch wie sieht es mit Strafe aus? Es gibt Menschen, die einfach besser auf kleine »Strafen« als auf Belohnungen reagieren. Etwa: »Wenn ich nicht morgens zum Laufen gehe, muss ich 30 Kniebeugen machen.« Oder: »Wenn ich mir entgegen meiner Vorsätze eine Zigarette anstecke, bekommt mein Freund 100 Euro.«

Ob Sie sich durch Strafe genügend abgeschreckt fühlen und sich so auf Kurs halten können, müssen Sie selbst beurteilen. Es gibt Menschen, die damit sehr gut fahren. Der »Einsatz« muss dann allerdings

- weh genug tun, dass Sie lieber Ihr Vorhaben durchziehen,
- auch wirklich einzuhalten sein (also nicht behaupten: »Ich schenke dir mein Auto, wenn ich mein Vorhaben abbreche.«),
- auch tatsächlich »bezahlt« werden, wenn Sie dagegen verstoßen haben, sonst ist es Makulatur.

Strafe ist NICHT hilfreich, wenn Sie nicht gut damit umgehen können. Wenn Sie Bestrafung immer als negativ empfunden haben oder dazu neigen, mit Strafen zu starken Druck auf sich auszuüben, schaden Sie Ihrem Vorhaben mehr, als dass Sie ihm nützen. Probieren Sie daher aus, ob Sie eher Belohnungen oder Strafen motivieren.

Motivation in der Gruppe

Natürlich sind auch Stimmung und »Druck« in der Gruppe relevant. Dabei geht es gar nicht immer um Motivation von außen. Schließen Sie sich beispielsweise einer Sport- oder Lerngruppe an, dann bedeutet das nicht, dass die Gruppenkollegen Sie großartig motivieren, sondern das gemeinsame Erleben in der Gruppe und der feste Termin mobilisieren Ihre Eigenmotivation.

In einer Sportstunde machen Sie beispielsweise ohne Murren und mit viel Ehrgeiz zehn Minuten Bauchübungen und halten durch, auch wenn es hart wird. Wenn Sie zu Hause auf der Turnmatte liegen, fangen Sie nach fünf Sit-ups zu jammern an und geben nach zwei Minuten auf. Nicht weil Sie nicht zu mehr in der Lage wären, sondern weil für sich alleine die Motivation nicht da ist. In der Gruppe aber schon.

Dies gilt aber nur, wenn Sie sich mit Menschen treffen, die auch wirklich etwas tun! Sind die Mitlerner eher daran interessiert, über das gestrige Fernsehprogramm zu plauschen, oder findet die Nordic-Walking-Gruppe es besser, heute mal die Trainingszeit zu halbieren und sich lieber in die schöne Sonne zu setzen, tritt das Gegenteil ein.

Genauso demotivierend ist eine Gruppe, in der sich Menschen mit negativer Einstellung befinden. Wo soll Ihre Motivation herkommen, wenn Sie von unmotivierten Menschen umgeben sind, die fortwährend einen Refrain anstimmen, dass sie nicht durchhalten, dass alles zu beschwerlich ist und dass die Anstrengung ohnehin keinen Sinn hat? Sprechen Sie das an! Und wenn sich trotzdem nichts ändert, dann verlassen Sie diese Gruppe. Denken Sie immer an den italienischen Nachtisch: Für Ihr Vorhaben sollten Sie sich nur mit TiramiSu-Menschen umgeben (TiramiSu heißt: »Zieh mich hoch!«)!

Machen Sie Ihre Erfolge sichtbar

»Wenn mir etwas Spaß macht, ziehe ich das auch durch!« Diesen Satz habe ich schon häufig gehört. Vermutlich geht es Ihnen genauso? Das Problem ist nur: Je komplexer das Vorhaben ist, desto stärker sind wir in puncto Ausdauer gefordert. Und um »die Moral« hochzuhalten und unsere Ausdauer immer wieder auch zu befeuern, ist es wichtig, mit einem guten Gefühl und Spaß bei der Sache zu sein. Frust kommt dann auf, wenn wir etwas, das wir uns vorgenommen haben, nicht oder nicht in dem Maße erreichen, wie wir möchten. Daher ist es enorm wichtig, die eigenen Fortschritte wahrzunehmen und auch die kleinen Erfolge zu würdigen!

Ein wohlwollender Blick auf die Erfolge bringt aber noch viel mehr: Gerade bei schwierigen oder langwierigen Vorhaben kommt unweigerlich ein Plateau, wo nichts weitergeht, oder auch ein Einbruch. Wenn Sie sich dann Ihrer bisherigen Anstrengungen und Erfolge bewusst sind, werfen Sie nicht einfach mal eben das Handtuch, sondern gehen zurück auf Kurs (→ Kasten »Vorsicht Falle«).

Deshalb stelle ich Ihnen nun drei einfache und praktische Möglichkeiten vor, wie Sie Ihre Erfolge sichtbar machen können.

Methode 1: Punkte vergeben

Im Schreibwarenhandel gibt es Klebepunkte in verschiedenen Farben. Sie legen eine Einheit fest (etwa eine Sportstunde) und weisen ihr farbige Punkte zu (eine Ausdauerstunde wird durch einen roten Klebepunkt symbolisiert, eine Kräftigungsstunde von einem gelben).

Nun dürfen Sie sich nach erfolgter Einheit einen Punkt geben. Kleben Sie diese Punkte idealerweise an einem Ort auf, den Sie immer vor Augen haben. Wenn Sie einen Tageskalender nutzen, halten Sie dort fest, was

VORSICHT FALLE

Das Plateau

→ Stellen Sie sich Ihr Vorhaben wie einen Berg vor: Sie haben eine Etappe geschafft und erreichen nun ein Plateau. Ihre Anstrengungen haben gefruchtet, Sie haben bereits Fortschritte gemacht, aber nun geht es erst mal nicht mehr höher. Sie treten auf der Stelle. So ein Plateau ist ein Stolperstein für viele Menschen. Denn es wirkt schnell demotivierend, wenn es scheinbar nicht mehr weitergeht. Machen Sie sich Ihre bisherigen Anstrengungen und Erfolge bewusst und halten Sie den »Stillstand« aus! Nur so kann es weitergehen.

Sie geschafft haben. Noch besser ist ein Wandkalender oder auch ein selbst gemachtes Poster: Dort haben Sie dann Ihr Ziel und, ganz wichtig, Ihre Fortschritte immer im Blick.

Methode 2: Pain-to-Power-Chart

Susann Jeffers beschreibt in ihrem sehr empfehlenswerten Buch »Selbstvertrauen gewinnen. Die Angst vor der Angst verlieren« das Pain-to-Power-Chart. Grundgedanke ist, dass wir Situationen, die wir gerne ändern möchten, als belastend empfinden – sie uns teilweise regelrecht schmerzen (»Pain«) – und es uns besser geht, wenn wir sie verändern. Je mehr wir selbst dazu tun, unsere Lebensumstände zu verbessern, desto selbstbewusster fühlen wir uns und desto mehr Kraft und Macht (»Power«) bekommen wir.

Sie zeichnen sich einen Pfeil auf, der Ihr Vorhaben symbolisiert. Links ist »Pain«, rechts ist »Power«. Heften Sie dieses Blatt Papier an eine Pinnwand und markieren Sie mit einer Pinnnadel, wo Sie sich momentan sehen. Immer dann, wenn Sie der Meinung sind, einen Fortschritt gemacht zu haben, können Sie Ihre Pinnnadel neu in Richtung »Power« einordnen und entsprechend versetzen. So sehen Sie schwarz auf weiß, wie Sie Fortschritte in dieser Sache machen.

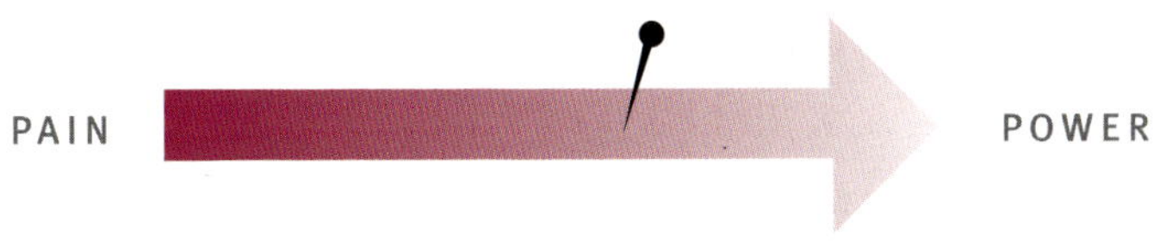

Diese Methode ist nur dann hilfreich, wenn Sie sich realistisch und gut einschätzen können und kein Problem damit haben, mal einen Rückschritt deutlich sichtbar zu machen. Wer damit Probleme hat oder leicht demotiviert ist, der sollte sich eher an die Methoden »Punkte vergeben« oder »Einen Plan machen« halten.

Hilfe – ein Motivationsloch!

Plötzlich ist es da – das große Motivationsloch. Doch keine Sorge! Damit Sie trotzdem durchhalten, finden Sie hier ein paar Tipps und Tricks, die sich sofort umsetzen lassen und Ihnen schnell weiterhelfen.

1 Stoppen Sie die negative Gedankenmühle.

»Ich bin so unfähig!«, »Die Welt ist schlecht.«, »Alle anderen sind konsequenter und besser als ich ...« – Stoppen Sie diese negativen Gedanken! Denn es führt nicht nur zu nichts, sondern demotiviert Sie nur noch mehr.
Sagen Sie sich: STOPP! Heute bin ich ganz frustriert (mutlos, traurig ...), aber diese unqualifizierten negativen Pauschalaussagen bringen mir nichts.

2 Tun Sie sich etwas Gutes.

Kümmern Sie sich um sich. Gönnen Sie sich eine Pause, wenn Sie sich gerade in eine Sache verbissen haben, die Sie unbedingt tun wollten oder sollten. Gerade auch, wenn Sie unter Zeitdruck stehen, ist das wichtig, denn mit der Brechstange erreichen Sie gar nichts. Wenn Sie keine Zeit haben, darüber zu schlafen, können schon zehn Minuten Wunder wirken, in denen Sie Abstand bekommen.
Was tut Ihnen jetzt in diesem Moment gut? Ein Spaziergang, eine Tasse Kaffee, ein Gespräch mit einem netten Menschen? Ihr Lieblingslied in den CD-Player werfen? In Ihrem Lieblingsbuch lesen? Erleben Sie dieses Gutes-für-sich-Tun ganz bewusst und freuen Sie sich darüber.

3 Sehen Sie sich das Motivationstief gut an.

Was genau zieht Sie runter? Sind Sie heute einfach schlecht drauf? Kommen Sie in der Sache nicht so voran, wie Sie wollten? Oder sind Sie mit Ihrem Vorhaben an einem Plateau angelangt und haben das Gefühl, es geht nichts mehr?

Schreiben Sie sich Ihren Frust von der Seele. Bannen Sie das, was Sie stört oder gerade emotional umtreibt, ungefiltert, aber konkret aufs Papier. Das bietet ein Ventil, um den Kopf blitzschnell frei zu machen. Es stellt aber gleichzeitig auch die Weichen um auf »lösungsorientiert«. Denn mit dem, was Sie sich im Frust von der Seele schreiben, können Sie dann weiterarbeiten.

4 Fragen Sie sich, was sein müsste.

Sehen Sie sich Ihre Frustaufzeichnung an und fragen Sie sich dann, wie es gehen könnte/was sein müsste, damit Sie mit Ihrem Vorhaben weiterkommen und sich auch wieder ermutigt und motiviert fühlen.
Denken Sie hier ganz offen und lassen Sie auch weit hergeholte Ideen zu! Auf diese Weise sehen Sie, dass es eine Fülle guter Ideen gibt, die Ihnen dabei helfen, Ihr Vorhaben wieder gestärkt zu beginnen. Und Ihre Gedanken kreisen um das WEITERMACHEN, nicht um das Aufgeben. Beziehen Sie auch andere Menschen in Ihre Überlegungen ein.

5 Prüfen Sie, ob Ziel, Planung und Umsetzung (noch) passen.

Hinterfragen Sie bei einem ernsten Hänger auch immer Ihr Ziel: Manchmal ist einem die Motivation für das Gesamtziel abhanden gekommen, etwa weil es sich überholt hat. Oder Sie merken, dass der eigentliche Plan nicht stimmig ist oder Sie sich überfordert haben. Vielleicht müssen Sie auch kritisch eingestehen, dass Sie mit der Umsetzung bisher zu lax waren. Das schlägt sich nicht nur in mangelndem Fortschritt nieder, sondern führt auch dazu, dass Sie mit sich unzufrieden sind.
Trauen Sie sich an jedem Zeitpunkt Ihres Vorhabens, alles konstruktiv infrage zu stellen. Aber widerstehen Sie der Versuchung, etwas zu beschönigen oder auf Ausflüchte hereinzufallen.
Selbstdisziplin bedeutet nicht Verbissenheit! Lassen Sie auch mal fünfe gerade sein und gestehen Sie sich zu, dass Sie mal einen Hänger haben. Das geht jedem Menschen mal so.

Methode 3: Einen Plan machen

Machen Sie sich eine Tabelle, die Ihre Ziele konkretisiert, und haken Sie ab, was Sie erfolgreich erledigt haben. Auf diese Weise Erfolge sichtbar vor sich zu haben ist ein kraftvolles Mittel gegen Durchhänger. Sie können aber auch auf einen Blick sehen, wenn Ihre Planung noch nicht richtig funktioniert: Sie setzen selten einen Haken.

Nehmen wir an, Sie möchten Ihre Wohnung mehr in Ordnung halten. Ein pauschales »Wohnung putzen« ist nicht besonders hilfreich, wenn Sie ohnehin keine Lust auf den Haushalt haben. Also schauen Sie sich um, wo in Ihrem Haushalt Stellen sind, bei denen Sie chronisch schlampig sind oder die Sie behindern. Zum Beispiel Ihre Küchenzeile: Sie stapeln Ihr Geschirr, was nicht nur die kleine Küche immer chaotisch aussehen lässt, sondern auch unwirtlich macht. Sie halten sich also nicht gerne in der Küche auf. Und morgens fällt das Frühstück meist flach, weil Sie keine Zeit und Lust haben, erst mal das Kaffeegeschirr abzuspülen, geschweige denn, sich in die unordentliche Küche zu setzen. Dann stünde auf Ihrem Plan nicht »Küche«, sondern konkreter: abends alles Geschirr wegspülen, Küchenzeile frei räumen. Und dann arbeiten Sie nur diese beiden Punkte mit Ihrem Plan ab und etablieren diese neue Gewohnheit.

Besonders für die erste Zeit ist es hilfreich, wenn Sie sich zwei, drei kleinere, gut handhabbare Ziele vornehmen und diese dann abends auch abhaken, wenn Sie sie erfolgreich erledigt haben – oder eben keinen Haken bekommen, wenn Sie geschludert haben.

» JANUAR	1	2	3	4	5	6	7	8	9	10	11	12	13	14
½ Stunde um den Haushalt kümmern	✔	✔			✔			✔	✔					
abends Küchenzeile leer und sauber	✔	✔				✔	✔	✔	✔					

Erfolge gemeinsam feiern

Mitstreiter oder einfach ein tolles Publikum sind unschlagbar, wenn es um eine Motivationsspritze geht. Ist es nicht großartig, wenn Sie sich miteinander freuen können und gemeinsam eine Flasche Sekt köpfen?

Machen Sie nicht nur alles mit sich selbst aus! Wenn Sie dazu neigen, Ihre Vorhaben für sich zu behalten, dann nehmen Sie sich leider auch die Chance, dass man Sie unterstützt. Wie hilfreich andere Menschen für Ihre Selbstdisziplin sein können, haben wir an verschiedenen Stellen im Buch schon beleuchtet. Doch auch für das Feiern Ihrer Fortschritte sind andere wichtig! Stellen Sie sich vor, wie schön es ist, wenn Sie einem Freund sagen können: »Ich könnte platzen vor Freude! Ich hab meine Zwischenprüfung für den Fernkurs mit einer Eins geschafft!« Sie kennen Ihr Umfeld und können gerade im Familien- und Bekanntenkreis sehr gut abschätzen, wer sich ehrlich mit Ihnen freut.

3

... und sich selbst auf die Schulter klopfen

Anerkennung wünschen wir uns alle. Und oft reagieren wir enttäuscht, wenn uns Chef oder Kollegen nicht auch mal ein Lob aussprechen. Doch: Loben Sie sich selbst? Erkennen Sie an, wenn Sie etwas gut gemacht haben? Klopfen Sie sich auf die Schulter und gratulieren sich, dass Sie Ihr Vorhaben begonnen und beispielsweise schon erfolgreich drei Lektionen Ihres Fernkurses durchgearbeitet haben?

Wenn ich mit meinem Laufpartner unsere übliche Runde gedreht habe, finden wir immer: »Gut waren wir!« Und wir schätzen uns selbst dafür, dass wir uns bei Wind und Wetter oder auch bei extremem Couch-Potato-Anfall doch noch aufgerappelt haben.

Diesen Punkt müssen Sie unbedingt verbessern, wenn Sie zu den Leuten gehören, die immer nur sehen, was noch nicht fertig ist, was sie noch besser hätten machen können. Lernen Sie, sich ehrliches, aber konstruktives Feedback zu geben und sich eben auch zu loben.

4

Selbstdisziplin – ganz konkret

→ Ganz egal, wo Ihre speziellen Hürden bisher lagen: Sie können jedes, wirklich jedes Anliegen, das Sie haben, nach einem bestimmten Fahrplan angehen. In diesem Kapitel werden nach diesem Fahrplan fünf typische Ziele vorbereitet. Dadurch haben Sie eine Blaupause für Ihre eigene Planung an der Hand. Und mit diesem roten Faden gelingt auch die Umsetzung Ihrer eigenen Vorhaben.

Wird es diesmal klappen?

Selbstdisziplin hat viel mit Kreativität zu tun. Denn wie leicht oder schwer Ihr Unterfangen wird, hängt davon ab, vielfältige Techniken flexibel einzusetzen.

In diesem Kapitel sehen wir uns beispielhaft fünf typische Ziele etwas näher an – Abnehmen, Sparen, früher Aufstehen, mehr Bewegung und Selbstkontrolle. Denn Selbstdisziplin ist kein Wunderwerk. Und es gibt auch kein Schema X, dem Sie nur zu folgen brauchen, und schon läuft alles von alleine. Damit Sie Ausdauer beweisen und an Ihren Zielen dranbleiben, ist es vor allem wichtig, dass Sie konkretisieren: Was liegt an? Welche Erfahrungen haben Sie bereits gemacht? Und was brauchen Sie, damit Sie nicht gleich wieder aufgeben? Sie werden sehen, es macht vieles erst greifbar und verständlich, wenn Sie die einzelnen Faktoren aufschlüsseln.

Aber: Von nichts kommt nichts! Die typischen Vorhaben auf den nächsten Seiten skizzieren Ihnen, worauf Sie achten sollten, wenn Sie sich geplant an die Umsetzung Ihres eigenen Ziels machen. Mit den Techniken dieses Buches werden Sie diesmal nicht in der Theorie verhaftet bleiben, ein wenig halbherzig mitmachen und bei der ersten großen Hürde gleich aufgeben. Trotzen Sie mit mir gemeinsam den Bequemlichkeitsimpulsen und halten Sie den Blick auf Ihr Ziel gerichtet. Mithilfe Ihrer Motivationsspritzen (→ Seite 85ff.) und Ihres Plans können Sie diesmal den immer mal auftretenden Schwierigkeiten rechtzeitig etwas entgegensetzen. Wenn Sie aktiv bleiben und die Ärmel aufkrempeln, erhalten Sie auch Ergebnisse. Versprochen!

Ihr Coachingplan

In zehn Schritten vom Vorhaben zur Umsetzung – jedes Vorhaben können Sie nach diesen Schritten planen, überprüfen und umsetzen.

1. Klären und konkretisieren Sie Ihr Vorhaben: Was möchten Sie erreichen? Was genau bedeutet das? Legen Sie für alle Teilbereiche konkret fest – was wollen Sie bis wann schaffen?
2. Überprüfen Sie Ihre Motive: Warum möchten Sie gerade dieses Ziel erreichen? Ist es wirklich Ihr persönliches Ziel? Ist es Ihnen so wichtig, dass Sie auch bereit sind, etwas dafür zu tun? Oder ist Ihr Vorsatz nur halbherzig oder von Menschen Ihres Umfelds angeregt, also von außen an Sie herangetragen worden?
3. Gleichen Sie Ihr Vorhaben mit dem erhofften Ergebnis ab: Ist das, was Sie sich durch das Ziel erhoffen, auch durch diese Vorgehensweise erreichbar? Wer beispielsweise glaubt, automatisch anerkannt und beliebt zu sein, wenn er 20 Kilo abnimmt, begibt sich auf den Holzweg.
4. Brechen Sie die Aufgaben herunter: Konkretisieren Sie die einzelnen Aufgaben und Teilschritte, die nötig sind, um das Ziel zu erreichen (→ Seite 76 f.). Bringen Sie diese in eine sinnvolle Reihenfolge, setzen Sie Prioritäten und legen Sie einen Zeitplan mit Teilerfolgen (»milestones«) fest.
5. Setzen Sie die Fokus-Brille auf: Beschäftigen Sie sich ausführlich mit Ihren Gedanken und Ihrer Einstellung, die Sie zu Ihrem Ziel und dessen Umsetzung haben. Fangen Sie ruhig mit Negativem und Selbstzweifeln an. So nehmen Sie Ihre Bedenken ernst und können anschließend den Fokus auf die positiven Seiten legen.
6. Erkennen Sie typische Denkmuster: Welchen Denkmustern sitzen Sie auf – zum einen auf sich persönlich bezogen (»Ich kann einfach nichts durchziehen!«), zum anderen in Bezug auf Ihr Vorhaben (von jetzt auf morgen alte

Gewohnheiten mit der Brechstange verändern wollen)? Setzen Sie sich gerade damit auseinander. Oft sind diese Überzeugungen im Hinterkopf fest verankert und sabotieren Sie entsprechend.

7. Suchen Sie sich Unterstützung: Welche Personen, Informationen oder Tipps können Ihnen zur Seite stehen oder einen Rahmen von außen liefern, damit Sie strukturiert und konsequent vorgehen?

8. Denken Sie an bisherige Erfahrungen und versuchen Sie mögliche Hindernisse vorherzusehen: Wie sind bisherige Versuche in dieser Richtung verlaufen und welche Rückschlüsse können Sie daraus für das jetzige Vorhaben ziehen? Welche Hindernisse befürchten Sie – bezogen auf die Sache oder im Zusammenhang mit anderen beteiligten Personen? Was können Sie tun, um Hürden zu umgehen beziehungsweise sie zu bewältigen? Wie Sie in den Beispielen sehen können, ist es sehr wichtig, bereits in der Planungsphase ganz konkret zu werden: Kommen Sie nicht nur den Hindernissen auf die Spur, sondern überlegen Sie sich im Vorfeld schon Lösungen.

9. Führen Sie eine Erfolgskontrolle ein: Mit welchen Werkzeugen werden Sie sich Ihre Fortschritte sichtbar machen? Wie sieht eine Erfolgskontrolle durch andere Menschen aus?

10. Halten Sie einen Schlappmacher-Notfallplan bereit! Es werden Durchhänger kommen, wenn es nicht so läuft, wie Sie sich das vorstellen: Sie verfallen in alte Gewohnheiten, es geht Ihnen nicht schnell genug, Sie erreichen nach anfänglichen Fortschritten ein Plateau, erleiden einen Rückfall oder haben einfach keinen Elan mehr. Sehen Sie diese Durchhänger voraus und überlegen Sie vorab, was Sie tun können, um es gar nicht erst dazu kommen zu lassen. Befinden Sie sich in einem Motivationsloch oder sind Sie versucht, das Ganze hinzuwerfen, dann reißen Sie sich am Riemen. Denken Sie auch an Plan B (→ Seite 78)! Legen Sie Ihr Ideal fest und eine abgespeckte oder nächstbeste Lösung. Ist Ihr Ziel nicht auf Anhieb erreichbar, versuchen Sie auf jeden Fall eine andere Schiene zu fahren, die Sie ihm näher bringt.

Und so sieht es in der Praxis aus

Schmökern Sie sich durch die beispielhafte Zielplanung für unsere fünf Ziele. Schwingen Sie sich dann an den Computer oder verwenden Sie eine Kladde zur Zielplanung und arbeiten Sie die Kategorien für Ihr eigenes Ziel durch. Halten Sie alle Überlegungen schriftlich fest und formulieren Sie dann einen Mini-Vertrag für Ihr aktuelles Vorhaben aus. In Großbuchstaben finden Sie die Überschriften für Ihren Vertrag, dahinter in Klammern die Erläuterungen.

1. MEIN ZIEL (Wie lautet Ihr Ziel? Formulieren Sie es aus, am besten in ganzen Sätzen.)
2. DAS HEISST KONKRET (Was heißt das, kritisch betrachtet und ausführlich beschrieben?)
3. MEINE MOTIVATION (Was ist Ihre Motivation für dieses Ziel? Was wird Sie bei der Stange halten?)
4. MEINE FOKUS-BRILLE (Wie sieht Ihre Fokus-Brille für dieses ganz konkrete Ziel aus? Was sind die positiven Aspekte und Teilziele, auf die Sie Ihren Blick konzentrieren wollen?)
5. WORAUF KANN ICH AUFBAUEN (Haben Sie schon mal etwas Ähnliches versucht? Habe Sie ein in irgendeiner Weise vergleichbares Vorhaben in der Vergangenheit erfolgreich abgeschlossen?)
6. MEIN PLAN (Wie sieht Ihr Plan aus, inklusive aller Teilschritte? Denken Sie auch daran, messbare Größen zu finden, damit Sie eine Erfolgskontrolle haben.)
7. MEINE CHEERLEADER UND MOTIVATIONSSPRITZEN (Wer oder was könnte Ihnen helfen, dieses Ziel zu erreichen?)
8. MEINE BOYKOTT-FAKTOREN (Was könnte schiefgehen? Und was tun Sie in genau diesem Fall? Überlegen Sie sich das unbedingt bei der Vorbereitung.)

Endlich morgens voller Elan aus dem Bett

Sind Sie eine nachtaktive »Eule«, die morgens mit dem Aufstehen zu kämpfen hat und einfach nicht aus den Federn kommt? Lassen Sie sich durch die Chronobiologie nicht entmutigen, sondern sorgen Sie ganz bewusst für einen guten Start in den Tag.

Ihr Ziel

Sie wollen morgens früher aufstehen.

Was heißt das konkret für Sie?

Nehmen Sie sich eine genaue Uhrzeit vor. Achten Sie dabei darauf, nicht zu übertreiben, sondern bemessen Sie die Zeit ausreichend. Der Vorsatz könnte also lauten: »45 Minuten früher aufstehen als jetzt, also um … Uhr«. Und nicht: »Jeden Morgen um 6 Uhr aufstehen.«

Ihre Motivation

Warum möchten Sie früher aufstehen? Was genau möchten Sie mit dieser Zeit tun? Zum Beispiel: »keine Hektik mehr morgens, den Tag in Ruhe beginnen – außerdem Zeit für ein gemütliches Frühstück haben«

Die Fokus-Brille

» NEGATIVER BLICK	POSITIVER BLICK
→ Das wird total schwer für mich. → Ich bin einfach kein Frühaufaufsteher! → Den Wecker überhöre ich ohnehin immer. → Das halte ich bestimmt nur drei drei Tage durch, dann lass ich es wieder.	→ Es wird ungewohnt sein, aber ich werde mich umstellen. → Wenn der Wecker klingelt, stehe ich auf. → Ich werde es genießen, den Tag endlich in Ruhe und ohne Hetze zu beginnen. Dann komme ich auch viel entspannter in der Arbeit an.

4

Gibt es bisherige Erfahrungen – welche?

→ »Nein, weil ich schon mein ganzes Leben lang viel zu knapp aufstehe und morgens ohne Frühstück aus dem Haus hetze.«
Lösung: Auch das ist eine wichtige Information: Denn nicht nur ist der hektikdominierte Morgen eine jahrzehntelange Gewohnheit, sondern auch das ungewohnte Frühstück sollte berücksichtigt werden. Angenommen, Sie stehen früher auf, um in Ruhe zu essen. Wenn Sie zu frühstücken im Grunde aber unnötig finden oder zunächst schlichtweg keinen Hunger haben, bis sich der Körper umgestellt hat, wird sich das auch auf Ihre Motivation zum Aufstehen blockierend auswirken. Gehen Sie es daher in kleineren Schritten an, sowohl was die Aufstehzeiten als auch was Ihr Frühstück angeht: Es muss keine vollständige Mahlzeit sein – eine schöne Tasse Kaffee und ein Stück Obst oder eine kleine Scheibe Toast reichen völlig aus.

Ihr Plan

→ Günstig für die Schlafqualität und das Aufstehen ist es, konstante Zeiten zu haben: Gehen Sie möglichst zur selben Zeit ins Bett und stehen Sie täglich um die gleiche Zeit auf (idealerweise auch am Wochenende). So stellt sich Ihre innere Uhr auf den neuen Rhythmus ein.

→ Stehen Sie nach dem Weckerläuten zügig auf und kommen Sie in Schwung! Wenn Sie weiter liegen bleiben, kommt Ihr Körper nicht in die Gänge und Sie dösen ermattet vor sich hin.

→ Nehmen Sie sich genau vor, was Sie mit der Zeit tun. Hilfreich ist es, die Zeit tatsächlich einzuteilen und mittels der »Kommentator-Technik« (→ Seite 66 f.) den Morgen zu planen: »Der Wecker klingelt morgen um 6.45 Uhr statt um halb acht. Ich stehe gleich auf, gehe in die Küche und setze Kaffee auf. Danach gehe ich ins Bad. Um zehn nach sieben setze ich mich für zwanzig Minuten gemütlich zum Frühstücken hin. Darauf freue ich mich schon: Endlich mal Ruhe morgens!«

Wer und was hilft zusätzlich?

Machen Sie sich schriftlich und ausführlich Notizen. Hier ein paar Ideen, mit denen Sie beginnen können:

- Prüfen Sie Schlafenszeit, -dauer und -qualität. Nur wenn Sie genug und erholsam schlafen, können Sie morgens leicht aufstehen.
- Regelmäßigkeit, sowohl was die Schlafenszeit, als auch die Aufstehzeit betrifft, helfen Ihnen dabei, Ihre innere Uhr neu einzustellen.
- Die Einschlafzeit und die Schlafqualität wird konstanter, wenn Sie ein Bettgehritual haben, das Sie zur Ruhe kommen lässt. Das heißt: Nicht unmittelbar vom Fernsehen, PC oder einem spannenden Buch ins Bett. Keine Arbeit mit ins Bett nehmen, auch nicht gedanklich.
- Ist Ihnen Ihr Weckton eindringlich genug, aber auch angenehm? Wenn der Weckton zu sanft und leise ist, überhören Sie ihn leicht. Ist der Ton unangenehm, wird der Start in den Tag zur Tortur und Sie stehen angenervt auf. Probieren Sie im Kaufhaus mal die unterschiedlichsten Wecktöne durch. Übrigens: Es gibt Wecker, die den Sonnenaufgang simulieren und das Schlafzimmer graduell erhellen.
- Auch Schaltuhren können nützlich sein: Zu einer festgelegten Zeit legt die Kaffeemaschine los oder der CD-Player spielt fetzige Musik ab. Es geht sogar technisch noch ausgeklügelter: Zu einer bestimmten Uhrzeit wird die Jalousie geöffnet.
- Starten Sie beim Aufwachen positiv in den Tag: Auf was freuen Sie sich in der Arbeit? Was haben Sie heute vor?
- Bereiten Sie soviel vor, wie möglich! Stellen Sie abends schon das Frühstücksgeschirr hin, legen Sie die Kleidung (einschließlich Unterwäsche, Schmuck …) zurecht.
- Machen Sie »Frühsport« im Bett: Dehnen und strecken Sie sich, machen Sie isometrische Übungen und »radeln« Sie ein paar Minuten kräftig. Schon wenige solcher Übungen aktivieren den Organismus und machen Sie wach!

Was könnte schiefgehen – und was tun Sie dann?

- »Ich könnte den Wecker abstellen, ohne dass ich richtig wach werde.« Lösung: Sie stellen den Wecker an einen anderen Platz als gewohnt.
- »Ich könnte wieder zigmal die Schlummertaste betätigen.« Lösung: Wenn der Wecker weiter weg steht, kommen Sie nicht ran. Oder Sie besorgen sich einen Wecker ohne Schlummertaste.
- »Ich könnte morgens spontan meinen Vorsatz über Bord werfen.« Lösung: Kleben Sie sich einen großen Erinnerungszettel an den Wecker. Das hilft Ihnen, auch im Halbschlaf an Ihr Ziel zu denken.

Denkfallen und Vorgehensweisen, die auf Dauer nicht vielversprechend sind

- Den Wecker vorstellen ist Unsinn. Denn erstens wissen Sie noch, dass Sie ihn umgestellt haben, und zweitens rechnen Sie nach kurzer Zeit die falsche Zeit automatisch mit ein.
- Eine Armada von Weckern, die in unterschiedlichen Abständen klingeln: Dadurch verkürzen Sie Ihren Schlaf und stören die Schlafqualität, was das Aufstehen noch schwerer macht. Außerdem verzögern Sie den Aufstehprozess unnötig.
- Sich von jemandem unsanft wecken lassen. So wird das Aufstehen zum Horrorerlebnis. Machen Sie es lieber zu einer angenehmen Sache. Dann integrieren Sie es schneller in den Tagesablauf.

Sportmuffel ade, hallo regelmäßige Bewegung

Ja, Sie möchten mehr Sport treiben, aber irgendwie wurde das bisher nichts Dauerhaftes? Dann ist es höchste Zeit, auf Touren zu kommen. – Keine Bange: alles mit Maß und Ziel …

Ihr Ziel

Sie möchten sich mehr bewegen.

Was heißt das konkret für Sie?

Legen Sie genau fest, was »mehr Bewegung« heißt, etwa mehr Strecken zu Fuß zurücklegen und Dienstag- und Freitagabend eine Stunde ins Fitnessstudio gehen.

Ihre Motivation

Warum möchten Sie sich mehr bewegen? Wollen Sie fitter und beweglicher werden, wieder mehr frische Luft tanken oder Ihre Verspannungen lösen, die Sie sich durchs viele Sitzen geholt haben? Je nachdem, warum Sie sich mehr bewegen wollen, ergibt sich auch eine andere Strategie – so ist Abnehmen ein anderes Ziel als Verspannungen lösen.

Die Fokus-Brille

» NEGATIVER BLICK	POSITIVER BLICK
→ Bestimmt werde ich zeitlich arg ins Schleudern kommen: Wann soll ich das denn noch machen? → Das ist vielleicht eine Schlepperei mit den Sportsachen. → Da geht mir die wenige Freizeit abends auch noch flöten – das wird aber eng! → Das wird bestimmt Stress mit dem Sport, dabei bin ich abends oft schon so kaputt und will nur noch ins Bett! → Ob das meinem Nacken wirklich gut tut? Am Ende ist er durch Sport noch mehr belastet.	→ Das tue ich mal wirklich nur für mich, für mein Wohlbefinden und meine Gesundheit. → Ich nehme mich wichtig genug, diese Termine einzuhalten. → Vermutlich werde ich mich anfangs manchmal aufrappeln müssen, denn ich weiß, dass es gerade in der ersten Phase nicht so leicht sein wird, am Ball zu bleiben. → Bewegung vertreibt die Schlappheit nach dem Arbeitstag, sodass ich mich danach nicht nur zufriedener und gut fühle, sondern den Feierabend aktiv nutzen kann!

4

Psychotherapeutin Dr. Doris Wolf (www.doriswolf.de) widmet sich in ihrem Buch »Abnehmen und dabei genießen« auch den seelischen Ursachen für Übergewicht.

Es gibt zig verschiedene Diäten. Warum tun sich viele Menschen trotzdem so schwer, wenn es um's Abnehmen geht?

Übergewicht kann viele Ursachen haben. Am einfachsten ist die Erklärung, dass man falsche Ernährungs- und Bewegungsgewohnheiten entwickelt hat und sich zu wenig bewegt. Komplizierter ist es, wenn das Essen genutzt wird, um seelische Bedürfnisse zu stillen. Bereits als Kind lernen wir, welche Funktion das Essen für uns hat. Beispielsweise setzen manche Eltern Essen als Belohnung, Trost oder Strafe ein. Als Erwachsene greifen wir dann zu Schokolade oder Hühnersuppe, wenn wir uns trösten wollen. Das Essen dient als Ersatzbefriedigung für menschliche Nähe, hilft uns Langeweile zu überbrücken, die innere Leere zu füllen, gegen Bevormundung zu rebellieren oder unseren Ärger abzubauen. Es wird als »Zaubermittel« gesehen, um Gefühle zu beeinflussen. Ist man gefüllt, satt und schwer, fühlt man sich ruhiger und entspannter.

Manche Menschen setzen Essen unbewusst auch ein, um ihren Körper zu verändern. Eine dicke äußere Hülle dient ihnen zum Beispiel als Schutzpanzer vor Kränkungen, als Alibi, um bei schwierigen Aufgaben Nein sagen zu können, als Abwehrmittel vor sexuellen Übergriffen, als Erklärung für Fehler und andere Schwächen.

Entscheiden wir uns, abzunehmen, ist es mit einer Diät nicht getan. Es gilt, die dahinterliegenden Motive zu analysieren. Um dann andere Strategien als das Essen zu nutzen, um mit unseren Gefühlen umzugehen. Mit Willenskraft alleine sind wir zu schwach, um auf Dauer das Essverhalten zu verändern.

Viele Menschen greifen zum Essen, oft zur »Trostschokolade«, wenn sie sich gestresst, genervt oder traurig fühlen. Lässt sich das wirklich ändern, sodass ich ein Gefühl von Trost oder Mir-Gutes-Tun auch bei anderen, neuen Gewohnheiten erlebe?

Wir Menschen sind so angelegt, dass wir Gewohnheiten er- und wieder verlernen können. Hat sich eine Gewohnheit manifestiert, müssen wir eine Umlernphase durchlaufen. Angenommen, Sie möchten lernen, bei Ärger nicht Schokolade zu essen, sondern sich stattdessen zu bewegen – etwa zu tanzen, Treppen zu steigen oder Rad zu fahren.

Dann ist es wichtig, bei der nächsten Ärgersituation genau diese neu gewählte Aktivität einzusetzen U N D das Gefühl auszuhalten, dies würde nicht greifen. Denn zunächst hat man den Eindruck, auf seinem Ärger sitzen zu bleiben oder wieder zur Schokolade greifen zu müssen. Es steht jedoch fest, dass wir mit zunehmender Übung und konsequenter Wiederholung der Strategie »Auf Ärger folgt die körperliche Aktivität« auch durch die körperliche Bewegung Beruhigung und Entlastung finden werden. Wir benötigen nur ein wenig Ausdauer und dürfen uns vor allem in der ersten Zeit nicht von dem Gefühl verwirren lassen, dass Schokolade die einzig wirksame Strategie bei Ärger sei.

Warum ist – gerade auch unter Selbstdisziplin-Gesichtspunkten – eine Crash-Diät, bei der man sich alles versagt, kontraproduktiv?

Kein Mensch will sich gerne etwas wegnehmen, was er mit positiven Gefühlen verknüpft. Wer sich eine Strategie wegnimmt, die bisher beispielsweise geholfen hat, die Gefühle zu beeinflussen, der fühlt sich bei einer Crash-Diät doppelt schlecht: Denn er bleibt nicht nur auf den negativen Gefühlen sitzen, sondern ist auch noch im Entzug von seinen Lieblingsspeisen und Getränken. Das hält man meist nur kurze Zeit durch, bevor eine Heißhungerattacke kommt. Das wiederum endet in Schuldgefühlen und Selbsthass. Außerdem: Neue Ess- und Denkgewohnheiten können durch eine Crash-Diät nicht aufgebaut werden.

Gibt es bisherige Erfahrungen – welche?

- »Wenn ich nach der Arbeit vor dem Sport nach Hause fahre, gehe ich oft nicht mehr raus, obwohl ich mir das fest vorgenommen habe.« Lösung: Legen Sie feste Termine für das Fitnessstudio fest und nehmen Sie Ihre Sportsachen morgens gleich mit, um von der Arbeit direkt dorthin zu gehen.
- »Manchmal tut mir mein Nacken so weh, dass ich mich gar nicht traue, ihn zu bewegen: Vielleicht macht es der Sport ja schlimmer.« Lösung: Trainieren Sie in einem guten Fitnessstudio. Dort nimmt man sich die Zeit und erklärt Ihnen ausführlich, welche Übungen vorteilhaft sind und was Sie vermeiden sollten.

Ihr Plan

- Sie finden heraus, welches Fitnessstudio Ihnen gut gefällt, und probieren verschiedene Kursangebote aus.
- Der Fahrstuhl innerhalb der Firma ist tabu: Sie nehmen, wenn Sie zwischen den Stockwerken hin- und hersausen, nur noch die Treppe.
- Sie bringen Ihr Fahrrad zur Reparatur und drehen, wenn es schön ist, immer mal eine Runde oder fahren damit auch zum Einkaufen.
- Wenn Sie abends ausgehen, parken Sie etwas weiter weg von Kneipe oder Kino und legen so immer mal wieder kurze Strecken ganz nebenbei zusätzlich zu Fuß zurück.

Wer oder was hilft zusätzlich?

- Ihre Kollegin wollte eigentlich auch mehr Sport machen? Fragen Sie sie, ob sie mit Ihnen ins Fitnessstudio gehen möchte oder ob Sie mittags immer mal eine Runde spazieren gehen.
- Sie fragen im Studio oder hängen einen Zettel ans Schwarze Brett, ob jemand fest mit Ihnen trainieren möchte. Dann ist es kurzweiliger, und Sie halten die Termine eher ein.

- Sie fragen Ihre Nachbarn, ob sie Ihnen manchmal den Hund ausborgen: Dann müssen Herrchen und Frauchen abends nicht immer mit ihm raus, der Hund freut sich über eine neue, längere Route und Ihnen macht das Spazierengehen viel mehr Spaß.
- Sie leisten sich neue Sportklamotten. Da fühlen Sie sich gleich viel »dynamischer« und es macht Ihnen mehr Spaß als in der ausgeleierten alten Sporthose.
- Wartezeiten, beispielsweise auf der Post, nutzen Sie für sportliche Übungen wie die »Wadenpumpe« (auf die Zehenspitzen stellen, Fersen zurück auf den Boden, wiederholen). Wenn Sie auf die U-Bahn warten, laufen Sie auf dem Bahnsteig auf und ab, statt sich gleich wieder hinzusetzen. Oder Sie gehen, während Sie warten, die Treppe nochmal hoch und runter.

Was könnte schiefgehen – und was tun Sie dann?

- »Ich versacke doch wieder auf der Couch.«
  Lösung: Sie impfen Ihren Partner, dass er Sie zum Sport schickt, wenn Sie versuchen, sich herauszureden.
- »Wenn ich gerade mit Kollegen im Gespräch bin, kann ich ja nicht einfach die Treppe rauflaufen, wenn die den Fahrstuhl nehmen.«
  Lösung: Animieren Sie die Kollegen, ebenfalls die Treppe zu nehmen, oder – wenn diese nicht wollen – unterbrechen Sie das Gespräch für den kurzen Moment, in dem Sie sportlich die Stufen hoch- oder hinabsteigen. Vermutlich werden Sie oft sogar zuerst am Ziel sein, weil Sie nicht auf den Aufzug warten müssen.

Denkfallen und Vorgehensweisen, die auf Dauer nicht vielversprechend sind

- »Nur heute mal nicht.« Legen Sie vorher fest, dass es keine Ausnahme von Ihrem festen Rhythmus gibt, die Sie gelten lassen – es sei denn, Sie sind krank. Unterbrechungen, auch wenn sie nur für kurze Zeit gedacht sind, brechen den Rhythmus und verleiten dazu, das Vorhaben komplett fallen zu lassen. Besonders in der kritischen Anfangsphase gefährden Ausnahmen Ihre Ziele sehr.

→ »Wenn mir etwas wehtut, darf ich mich nicht bewegen.« Der Körper möchte Bewegung. Und auch Schmerzen können meist effektiv gelindert werden beziehungsweise verschwinden ganz, wenn man sich bewegt. Bei schwerwiegenden körperlichen Problemen oder wenn Sie Bedenken haben, sprechen Sie vorher mit einem Arzt oder lassen Sie sich von sportmedizinisch geschulten Trainern individuell beraten, wenn Sie in einem Fitnessstudio sind.

Die Fortbildung selbst in die Hand nehmen

Für viele Traumjobs ist es entscheidend, sehr gut Englisch zu sprechen. Was Hänschen nicht lernt, lernt Hans nimmer mehr? Nein, dieser Spruch gilt schon lange nicht mehr. Auch nach Schule und Studium können Sie sich parallel zum Beruf noch weiterbilden. Die hier gezeigte Zielplanung lässt sich dabei auf alle Lernziele anwenden, gleich ob für die Schule, den Beruf, eine Fortbildung, einen Fernlehrgang oder einen Sprachkurs. Das Thema »Englisch lernen« wurde hier nur als Beispiel verwendet.

Ihr Ziel

Sie möchten Ihr Englisch aufpolieren.

Was heißt das konkret für Sie?

Sie belegen einen Fernkurs bei einem anerkannten Anbieter mit einem aussagekräftigen Abschluss-Zertifikat und bringen regelmäßige Lernlektionen in Ihrer Freizeit unter.

Ihre Motivation

Warum möchten Sie besser Englisch sprechen? Zum Beispiel: »Ich möchte ein verhandlungssicheres Englisch in Wort und Schrift beherrschen, um mich auf eine Führungsposition in einem internationalen Konzern zu bewerben.«

Die Fokus-Brille

» NEGATIVER BLICK	POSITIVER BLICK
→ Bisher hatte ich nie die Disziplin, einen Fernkurs durchzuhalten. Warum sollte es diesmal klappen? → Was ist, wenn ich das jetzt monatelang durchziehe und dann nach all der Plackerei die Endprüfung nicht packe? → Ob mir das überhaupt wirklich genug für meine Bewerbungen hilft, sodass sich der ganze Aufwand auch lohnt?	→ Ich bin gut in meiner Arbeit und ziehe Dinge sehr wohl durch. Diesmal plane ich es strukturierter durch, dann klappt es auch. Das Zeritifikat am Ende ist zudem ein wichtiger Anreiz. → Wenn ich mit dem Lernen dabeibleibe, schaffe ich auch die Prüfung. → Verhandlungssicheres Englisch ist eine grundlegende Anforderung in internationalen Unternehmen, von daher nützt mir das auf jeden Fall.

Gibt es bisherige Erfahrungen – und welche?

→ »Ich lasse mich leicht ablenken, fange zu putzen an oder surfe im Internet, anstatt zu lernen.«
Lösung: Während der festgelegten Lernzeit DÜRFEN Sie keine anderen Tätigkeiten machen, als zu lernen – also putzen … ist in dieser Zeit schlichtweg nicht erlaubt.

→ »Wenn ich etwas nicht verstehe, besonders Grammatik, werde ich schnell frustriert und lustlos.«
Lösung: Schauen Sie sich nach Hilfe um: Im Buchhandel gibt es Bücher, die möglicherweise die Grammatik besser erklären, als die offiziellen Lernmaterialien Ihres Kurses. Außerdem ist ein Nachhilfelehrer

4

gut. Nutzen Sie nicht das Internet als Hauptquelle, um sich auszutauschen über Grammatik-Probleme, besondere Vokabeln und Ähnliches. Durch Gespräche in Online-Foren geht zu viel Zeit drauf, außerdem stimmen die Antworten nicht unbedingt.

- »Als ich mir damals das Zehn-Finger-System angeeignet habe, habe ich das eifrig und gern geübt und konnte es nach wenigen Monaten.« Lösung: Auf dieser positiven Erfahrung können Sie aufbauen. Was Sie in anderen Bereichen erfolgreich umgesetzt haben, zeigt Ihnen, dass Sie sehr wohl konsequent etwas durchziehen können. Wieso hat das damals so gut geklappt?

Ihr Plan

- Erstellen Sie sich einen Stundenplan, um bei der Stange zu bleiben. Legen Sie Zeiten fest, zum Beispiel nach dem Abendessen eine halbe Stunde ausruhen und danach eine Stunde konzentriert lernen.
- Teilen Sie Ihrer Familie die Lernzeiten auch mit. In dieser Zeit darf Sie niemand stören, außer das Haus brennt.

Wer oder was hilft zusätzlich?

- Lassen Sie sich vom Partner oder einem Freund über das bisher Gelernte abfragen. Überlegen Sie vorher, wie Ihr Cheerleader mit Ihnen umgehen soll (»Er soll loben, was sitzt, aber mich nicht zu sehr kritisieren, wenn etwas nicht klappt.«).
- Lesen Sie englische Magazine – entweder Lernmagazine wie »Spotlight« oder Entertainment-Magazine, die es zum Beispiel an großen Bahnhöfen gibt. Probieren Sie auch mal englische Bücher aus. Wer unsicher ist, ob die Sprachkenntnisse dazu schon reichen, kann mit englischen Kinderbüchern oder Liebesromanen starten. Das Lesen soll Ihnen Spaß machen – wählen Sie ein Thema nach Ihrem Geschmack.
- Belegen Sie Konversationskurse, um Sprachsicherheit zu erhalten! Solche Kurse finden Sie beispielsweise bei der VHS, bei zweisprachi-

gen Stammtischen oder auch Organisationen wie den »Toastmasters« (www.toastmasters.de), bei denen man auch lernt, kleine Reden vor der Gruppe zu halten.

- Schauen Sie sich Filme auf DVD vermehrt im Original an (bei Bedarf können Sie die Untertitel parallel einblenden). Kaufen oder leihen Sie sich englische Hörbücher. Durch das Hören der Sprache bleibt viel hängen und Sie erweitern nebenbei Ihren Wortschatz.
- Machen Sie die Hausaufgaben nicht erst auf den letzten Drücker!

Was könnte schiefgehen – und was tun Sie dann?

- »Meine Familie stört mich dauernd, weil alle immer was von mir wollen – und ich gehe darauf auch gerne mal ein, um das Lernen zu unterbrechen.«
  Lösung: Werden Sie gestört, »springen« Sie nicht, sondern sagen Sie dem Familienmitglied, ab wann Sie wieder zu sprechen sind. Fangen Sie keine Diskussionen darüber an, denn das stiehlt nur Ihre Zeit. Hängen Sie die Minuten für derlei Unterbrechungen hinten an. Wenn Sie Ausnahmen machen, nimmt Ihre Familie die Lernzeiten nicht ernst und stört Sie auch weiterhin.
- »Ich lerne nicht konsequent, weil es langweilig wird oder weil ich mich selbst ablenke.«
  Lösung: Überlegen Sie, was Sie brauchen, damit Sie sich nicht andauernd ablenken können. Vielleicht können Sie sich nicht gut neben dem Computer konzentrieren, weil Sie dann doch immer mal die Mails checken oder zum Surfen verleitet werden? Schalten Sie den Rechner aus oder suchen Sie einen anderen Platz. Manche Menschen lernen auch besser, wenn sie nicht zu Hause sind. Vielleicht können Sie in eine Bibliothek gehen oder etwas länger im Büro bleiben und sich dort in den Besprechungsraum setzen? Gehen Sie auf keinen Fall während Ihrer Lernzeiten ans Telefon!

Denkfallen und Vorgehensweisen, die auf Dauer nicht vielversprechend sind

- »Mehr hilft mehr.« Wer glaubt, dass er noch früher aufstehen muss oder bis spät in die Nacht lernen sollte, der blockiert sich selbst. Es vergeht die Konzentration und auch die Lust, weil Sie sich mit Arbeit, Familie und Lernen überfordern. Sie blockieren auch die Lernfunktionen des Gehirns, das die Ruhezeiten braucht, um das Gelernte zu verarbeiten und in den »Langzeitspeicher« zu übernehmen.
- Zu viel nebenbei: Das Radio läuft, Sie essen etwas und versuchen, zugleich zu lernen. Das ist kontraproduktiv. Essen Sie vorher in Ruhe und konzentrieren Sie sich dann ganz auf das Lernen, ohne sich nebenbei mit Musik zu berieseln. Auch wenn Ihnen das subjektiv nichts ausmacht, bombardieren Sie das Gehirn nebenbei mit Sinneseindrücken.

Endlich ist am Ende des Geldes kein Monat übrig

Bestimmt kennen Sie auch den Spruch: »Warum ist bloß am Ende des Geldes immer noch so viel Monat übrig?« Bei vielen Menschen geht das Problem aber weiter. Denn dank EC-Karte fühlen wir uns reich, auch wenn wir finanziell schon längst aus dem letzten Loch pfeifen. Die Folge: Der Dispokredit wird immer weiter ausgereizt, und das zu teuren Zinsen, die uns noch weiter in die Finanzmisere bringen.

Ihr Ziel

Sie möchten mit Geld besser auskommen und Schulden abbauen.

Was heißt das konkret für Sie?

Sie gleichen Ihren Dispo von 2000 Euro aus. Die nächsten Monate werden Sie abgesehen von den Fixkosten mit 600 Euro auskommen.

Ihre Motivation

Warum möchten oder müssen Sie Ihre Schulden abbauen? Zum Beispiel: »Meine finanzielle Situation belastet mich. Zudem kostet der Dispokredit horrende Zinsen, was die Lage verschlechtert. Ich will wieder im Plus sein.«

Die Fokus-Brille

» NEGATIVER BLICK	POSITIVER BLICK
→ Ich kann einfach nicht mit Geld umgehen. Das liegt in der Familie: Meine Eltern haben mir das nicht beigebracht. → Vielleicht wäre es doch besser, mit der Bank zu sprechen und mal einen Kredit aufzunehmen. Damit kann ich dann den Dispo direkt auf null bringen. → Ob ich mit meinem Gehalt überhaupt auskommen werde, wenn ich nebenbei auch noch sparen muss? So berauschend ist es ja nicht.	→ Ich gebe viel Geld für Extras aus und achte auch eigentlich nicht darauf, was etwas kostet. Da steckt viel Einsparpotenzial drin! → Andere Leute kommen mit weniger Geld aus und haben oft sogar noch eine große Familie zu versorgen. Natürlich schaffe ich es, mich einzuschränken, auch wenn es mir undenkbar vorkommt. → Ich werde mich toll fühlen, wenn das Minus auf meinem Konto vor meinen Augen weniger wird.

4

Gibt es bisherige Erfahrungen – und welche?

→ »Am Monatsanfang verfalle ich oft in einen Kaufrausch – besonders, weil ich Ende des Monats immer total knapse, weil mir das Geld ausgegangen ist.«

Lösung: Die erste Monatshälfte zu verprassen und sich die zweite Monatshälfte stark einzuschränken führt zwangsläufig zu Unzufriedenheit und fördert das Geldausgeben (»Ich will mir auch endlich mal wieder was gönnen.«). Darum ist es wichtig, einen sinnvollen Mittelweg zwischen Sparen, aber Sich-nicht-alles-Versagen zu gehen. Nur so können Sie über einen längeren Zeitraum durchhalten.

- »Ich zahle viel mit EC-Karte. Manchmal bin ich schockiert, wenn ich auf den Auszügen sehe, dass noch mal 50 Euro weg sind, mit denen ich gar nicht gerechnet hatte.«
  Lösung: Lassen Sie die EC-Karte zu Hause! Eine Unterschrift kommt einem nicht wie »Geld ausgeben« vor. Bargeld, das im Geldbeutel sichtbar weniger wird, schützt vor unkontrollierten Ausgaben.
- »Bei früheren Sparversuchen habe ich einen Betrag per Dauerauftrag auf ein Sparbuch überweisen lassen, aber dann während des Monats das Gesparte immer abgeräumt.«
  Lösung: Auf ein Sparbuch fest einen Betrag zu überweisen ist sinnvoll. Aber: lieber einen kleinen Betrag, also 20 oder 50 Euro, den Sie im Alltag nicht großartig vermissen. Das Sparbuch ist dann tabu. Am besten geben Sie es jemandem zur Aufbewahrung, sodass Sie nicht an Ihr Erspartes kommen.

Ihr Plan

- Überprüfen Sie Ihre laufenden Fixkosten. Durch Optimieren von Versicherungen, günstigeren Anbietern für Telefon/Strom … kommt oft ein erkleckliches Sümmchen zusammen. Tipp: Die Differenz zur früheren Ausgabe monatlich automatisch auf das Sparbuch überweisen, denn Sie sind den bisherigen Betrag ja schon gewöhnt.
- Rechnen Sie die laufenden Kosten für Lebensmittel & Co. zusammen, sodass Sie einen klaren Überblick haben, welche Summe Sie brauchen. Führen Sie außerdem ein Haushaltsbuch, um zu erkennen, wo Ihr Geld hinfließt – gerade Ausgaben wie der Kaffee zwischendurch summieren sich enorm!
- Finden Sie heraus, wie viel Sie bei der Höhe Ihres Gehalts jeden Monat ungefähr zur Seite legen können. Das ist Ihr Richtwert. Bei 150 Euro im Monat hätten Sie nach einem Jahr einen Dispo von 2000 Euro auf null gebracht – sogar früher, wenn Sie Ihr Weihnachtsgeld nicht anderweitig verplanen.

Wer oder was hilft zusätzlich?

- Bei jeder Ausgabe überlegen: BRAUCHE ich das? Oder WILL ich es nur? Durch diesen innerlichen Stopp geben Sie weniger Geld aus und bekommen zudem ein Gefühl für Muss- und Spaß-Ausgaben.
- Die Summe, die Sie monatlich für laufende Ausgaben verwenden, zu Beginn des Monats abheben (danach während des Monats nicht mehr zum Geldautomaten gehen!) und die Summe durch vier teilen: Stecken Sie die Summe, die Ihnen jede Woche zur Verfügung steht, in ein separates Kuvert. Es ist einfacher, wenn Sie mit einer bestimmten Summe Bargeld nur für die nächsten sieben Tage planen müssen. Bleibt etwas übrig, stecken Sie es in das nächste Wochenkuvert dazu. Wird es eng, müssen Sie sich nur bis zum Ende der Woche einschränken.

Was könnte schiefgehen – und was tun Sie dann?

- »Wenn ich ein bisschen was zurückbezahlt habe, habe ich ja wieder mehr Geld zur Verfügung, um den Dispo erneut ganz auszuschöpfen.«
  Lösung: Lassen Sie Ihren Dispositionskredit immer gleich herabsetzen, sodass Sie keinen Spielraum haben, wieder zurückzufallen.
- »Ich lade gerne ein. Meine Freunde wissen das. Vielleicht sind sie beleidigt, wenn ich plötzlich nichts mehr ausgebe.«
  Lösung: Wenn Sie Bedenken haben, sprechen Sie offen mit Ihren Freunden darüber, dass Sie momentan etwas aufs Geld achten. Vielleicht geht es diesen genauso und sie machen gerne mit (etwa gemeinsam kochen, statt in die Kneipe oder essen zu gehen).

Denkfallen und Vorgehensweisen, die auf Dauer nicht vielversprechend sind

- Geld ausgeben als Wohlfühl-Faktor: Leute, die über ihre Verhältnisse leben, belohnen sich oft mit Einkäufen. Geht es Ihnen auch so? Dann ist es wichtig, dass Sie hinterfragen, womit genau Sie unzufrieden sind, und auch, wie Sie sich anderweitig ein gutes Gefühl verschaffen.

→ »Dann arbeite ich ja nur noch, um meine Schulden abzubezahlen.« Sie haben Geld ausgegeben, das Sie nicht hatten. Die nächsten Monate zu sparen, um auf einen grünen Zweig zu kommen, dient IHNEN und nicht dem bloßen Schuldenabbau. Sie zeigen sich, dass Sie es aus eigener Kraft schaffen und weniger Geld ausgeben können, und Sie lernen außerdem, besser mit Geld umzugehen.

Nie mehr aus der Haut fahren

Sie sind eigentlich ja ein ganz umgänglicher Mensch. Aber wehe, man drückt den falschen Knopf – dann vergessen Sie sich völlig und rasten regelrecht aus. Doch Sie wissen: Gelassenheit lässt Sie souveräner und kompetenter wirken. Und außerdem möchten Sie auch gar nicht so unfreundlich sein, wie das häufig rüberkommt.

Ihr Ziel

Sie möchten endlich gelassener werden und nicht bei jeder Gelegenheit gleich auf 180 sein.

Was heißt das konkret für Sie?

Wenn es nicht so läuft, wie Sie sich das vorstellen, flippen Sie aus: Dann werden Sie streitsüchtig, laut und oft leider auch verbal ausfallend. Genau diese Reaktionen möchten Sie abstellen und durch konstruktive, selbstsichere Kommunikation ersetzen.

Ihre Motivation

Warum möchten Sie gelassener werden? Zum Beispiel: »Ich möchte meine Meinung offen sagen können und dabei souverän und gelassen bleiben, damit ich ernster genommen werde.«

Die Fokus-Brille

» NEGATIVER BLICK	POSITIVER BLICK
→ Ich bin einfach ein temperamentvoller Mensch: Das müssen die anderen eigentlich akzepieren. → Schon mein ganzes Leben reagiere ich so impulsiv. Bestimmt kann man so etwas gar nicht umerziehen. → Meine Umwelt wird bestimmt ganz irritiert sein, wenn ich plötzlich ruhig bin. → Wenn ich zu ruhig bin, merkt niemand, wenn mich etwas stört. Dann bin ich zudem frustriert.	→ Mein Ausflippen ist einfach eine Gewohnheit. Natürlich kann ich lernen, mich mehr zu beherrschen und besonnener zu reagieren. → Wenn ich lerne, ruhiger und sachlicher zu argumentieren, finde ich nicht nur mehr Gehör, sondern man nimmt mein Anliegen auch viel ernster, als wenn man mich als zu emotional abstempelt oder sich von mir wegen meiner Art distanziert. → Ich freue mich darauf, mich auch persönlich weiterzuentwickeln!

Gibt es bisherige Erfahrungen – und welche?

→ »Wenn ich mir bisher vorgenommen hatte, mich zurückzunehmen, dann lief es darauf hinaus, dass ich gar nichts gesagt habe. Damit kann ich aber nicht leben, weil ich dann ja nicht für das eintrete, was mir wichtig ist.«
Lösung: Damit haben Sie das andere Extrem eingeschlagen: Sie haben Sie sich auf die Zunge gebissen und geschwiegen. Natürlich ist das ungut, weil Sie sich verbiegen und vor allen Dingen Ihre Meinung erst gar nicht äußern. Das kann wiederum auch dazu führen, dass die Beziehung beeinträchtigt wird, weil Sie ein Verhalten, das Sie stört, einfach so hinnehmen. Wichtig ist, Ihr Anliegen zu artikulieren und auf gute Weise zu sich zu stehen.

Ihr Plan

→ Lernen Sie, rechtzeitig die Bremse zu ziehen, wenn Sie merken, dass es in Ihnen hochkocht. Behalten Sie die Kontrolle dort, wo Sie zuvor explodiert sind – und zwar in jeder Situation, ob Sie alleine oder mit anderen zusammen sind. Sehen Sie sich verschiedene Techniken an, oder holen Sie sich externe Unterstützung. Wenden Sie dann die Techniken an, die Sie gelernt haben. Am besten verknüpfen Sie sie mit einem kleinen Ritual, damit sich Ihnen das Verhalten einprägt. Nehmen wir als Beispiel die Stopp-Technik: Wenn Sie alleine sind und merken, dass Ihnen gleich die Hutschnur platzt, können Sie laut STOPP sagen. Wenn Sie im Gespräch mit jemandem sind, können Sie mit den Händen eine Stopp-Geste machen und erst einmal sagen: »Moment, ich fasse kurz zusammen, was ich jetzt verstehe.« Oder: »Moment, ich möchte mich dazu einklinken.«. Üben Sie, das ruhig und sachlich vorzubringen, das bringt Ruhe in die Situation – und in Sie.

- Wenn Sie sich über das Verhalten anderer Menschen ärgern, machen Sie sich bewusst, dass Sie nicht das Maß aller Dinge sind. Unterscheiden Sie zunächst: Ist das etwas, das Sie nur stört, aber nicht weiter tangiert, oder ist es etwas, das Sie betrifft oder Ihnen persönlich einfach wichtig ist? Lernen Sie, sich aus fremden oder Ihnen unwichtigen Situationen rauszuhalten.
- Hinterfragen Sie, was Sie wirklich stört, und sprechen Sie es aus – anstatt es durch Tonfall, Lautstärke oder missbilligende Körpersprache zum Ausdruck zu bringen. Nur wenn Sie dem anderen erklären, was Sie meinen, kann er es verstehen und annehmen.
- Wenn es um Grundsätzliches geht, das Sie in der Familie oder im Kollegenkreis stört, suchen Sie das direkte Gespräch. Erklären Sie, was und warum Sie wurmt und wie Sie es besser fänden. Gemeinsam können Sie die Sache dann an der Wurzel packen anstatt immer auf Symptome mit Streit zu reagieren.

Wer oder was hilft zusätzlich?

- Beobachten Sie sich selbst. Warum glauben Sie, laut werden zu müssen? Was wollen Sie damit letztlich erreichen?

- Weihen Sie die Menschen in Ihrem engeren Umfeld ein und lassen Sie sich dabei helfen, gelassener zu werden. Ihre Unterstützer können Sie darauf hinweisen, dass Sie wieder kurz vor der Explosion stehen. Oder sie fragen bei Ihnen sachlich nach und machen so ein konstruktives Gespräch möglich.
- Suchen Sie sich ein Vorbild – jemanden, der in allen Lebenslagen bewundernswert ruhig bleibt. Das kann auch eine Figur aus einem Buch oder Film sein. Hängen Sie sich beispielsweise ein Filmposter ins Büro von einem Helden, der immer supercool wirkt und Sie ständig an SOUVERÄNITÄT erinnert.
- Üben Sie sich auch auf andere Weise in Geduld und Selbstkontrolle – auch das wirkt sich auf emotionale Situationen aus. So könnten Sie geduldig eine Bastelarbeit durchführen oder auch puzzlen (es gibt sogar Puzzles, die nur aus weißen Teilen bestehen: die ultimative Geduldsprobe!) oder etwas Neues lernen.

Was könnte schiefgehen – und was tun Sie dann?

- »Ich könnte, obwohl ich es mir anders vorgenommen habe, immer wieder ausrasten. Was heißt ›könnte‹ – wahrscheinlich wird das oft der Fall sein.«
  Lösung: Wenn das passiert, lassen Sie die Situation Revue passieren. Bringen Sie sich runter – zum Beispiel durch einige tiefe, ruhige Atemzüge oder auch eine räumliche Distanz (mal eben kurz vor die Tür gehen und den Kopf auslüften) – und dann entschuldigen Sie sich ehrlich für den Ausraster. Erklären Sie sachlich, warum Sie sich so aufgeregt haben. Benennen Sie, was Sie inhaltlich stört, und begründen Sie Ihre Sichtweise.
- »Wenn ich doch wieder ausraste, obwohl ich es mir anders vorgenommen habe, bin ich ziemlich frustriert oder gebe sogar auf, weil ich es nicht schaffe.«

4

Lösung: Sie werden ganz bestimmt, gerade am Anfang, öfter noch in die alte Gewohnheit verfallen. Das ist eine Übungssache, bei der Sie einen langen Atem brauchen und kontinuierlich an sich arbeiten müssen. Wichtig: Wenn Sie doch wieder die Beherrschung verloren haben, gehen Sie konstruktiv damit um. Bemerken Sie ganz bewusst: »Aha, jetzt tue ich es gerade wieder.« Oder: »Jetzt habe ich es wieder getan.« Sagen Sie das innerlich in einem wohlwollenden Tonfall und schimpfen Sie nicht mit sich selbst. Reflektieren Sie dann, was genau los war und was Sie anders hätten tun können – so sind Sie für das nächste Mal gewappnet.

Und nehmen Sie bitte natürlich auch jede Situation bewusst war, in den es Ihnen geglückt ist, sich anders zu verhalten. Auch wenn Sie schon am Rande des Vulkans standen, aber das Ruder dann noch einmal herumreißen konnten.

Denkfallen und Vorgehensweisen, die auf Dauer nicht vielversprechend sind

- »Was Hänschen nicht lernt, lernt Hans nimmer mehr: Erwachsene Menschen verändern ihr Verhalten nicht.« Das ist Quatsch! Natürlich können Sie sich, ganz unabhängig von Ihrem Alter, immer persönlich weiterentwickeln. Dazu gehört aber auch, dass Sie in der Anfangsphase schlichtweg aushalten lernen, wenn sich etwas anders anfühlt als gewohnt.
- Zu glauben, dass es damit getan ist, sich nach Ausrastern zu entschuldigen: Natürlich ist es wichtig, dass Sie sich entschuldigen. Aber damit wird Fehlverhalten nicht gewohnheitsmäßig »ausgebügelt«. Verfallen Sie also nicht in das Denkmuster, dass Ausrasten und anschließende Entschuldigung genug wäre. Im Gegenteil: Gewohnheitsmäßiges Entschuldigen macht unglaubwürdig und die beteiligte Person bekommt das Gefühl, dass Sie sich dadurch selbst einen Freibrief ausstellen, sich ungut zu verhalten.

Christiane Kutik (www.kreativ-erziehen.de) coacht und trainiert Eltern und Erzieher. Außerdem schreibt sie Bücher, unter anderem den sehr schönen Titel »Entscheidende Kinderjahre«.

Wenn es zu Konflikten mit Kindern kommt, etwa durch morgendliches Trödeln, nehmen sich Eltern oft vor, sich »besser« zu verhalten und beispielsweise nicht laut zu werden oder zu drohen. Doch nicht immer klappt das auf Anhieb. Wie geht man – trotz guten Willens – mit Rückfällen um?
Kleine Schritte sind besser als gar keine. Also erst mal freuen, dass Sie richtig angefangen haben! In dem Moment, wo man in alte Muster verfällt: Durchatmen! Zwei bis drei lange Atemzüge, tief in den Bauch und hörbar ausatmen. Das hilft sofort. Sie werden ruhiger.
Wenn Eltern ausrasten, ist es das Beste, Ihrem Kind zu sagen: »Das tut mir leid! Ich wollte dich nicht so anschreien. Wirklich nicht.« Zeigen Sie Ihrem Kind, was Sie echt fühlen: Nehmen Sie es in den Arm. – Bitte keine Schuldgefühle, denn genau an Ihrem »Tut mir leid« lernen Kinder Sozialverhalten: Wie geht man respektvoll miteinander um? Ein Fehler kann also auch bereichern.

Solche Änderungen haben ja nicht nur mit einem selbst zu tun: Während man sich als Elternteil ein neues Verhalten vornimmt, sind die Kinder vielleicht schon gewöhnt, dass es erst ernst wird, wenn Mama oder Papa rumschreit...
Das, was Ihre Kinder kennen, wiederholen sie. Im Moment ist es beispielsweise das morgendliche Widersetzen und Trödeln. Das ist jetzt eingespielt. Es ist zur unguten Gewohnheit geworden. Nun liegt es an Ihnen, gute Gewohnheiten einzuführen. Mit Geduld, Tag, für Tag. Ein typischer Fehler ist die Inkonsequenz: Einmal ermahnen, dann ein paar Tage nichts, dann wieder Räsonieren kostet viel Energie. Außerdem wird Ihre Beziehung zum Kind belastet. Neue Gewohnheiten müssen erst eingeübt werden: durch Wiederholen, wiederholen, wiederholen. Von dieser Wiederholung profitiert natürlich auch die eigene Selbstdisziplin: denn das neue Verhalten will ja auch erst verinnerlicht werden.

Wie ist es, wenn man gemeinsame Vereinbarungen getroffen hat (zum Beispiel nur eine Stunde Computer) und diese vom Kind ignoriert werden? Der Erfolg hängt ja nicht nur von meiner Selbstdisziplin ab!

Abgemacht ist abgemacht. Sonst könnten Sie die Vereinbarung ja gleich bleiben lassen. Zuverlässigkeit ist ein Grundwert, den die Eltern ihrem Kind beibringen. Wenn das Kind die Uhrzeit übersehen hat, erinnern Sie es an die Abmachung, ohne es gleich zu verdächtigen: »Wir haben ausgemacht: Nur bis 4 Uhr nachmittags. Schau mal bitte auf die Uhr.« Und dann ein freundliches: »Mach jetzt bitte aus! Danke!« Körperlich und innerlich anwesend bleiben, bis es erfolgt ist. – Genau dies ist der kritische Punkt. Um den geht es für Eltern: wirklich dranbleiben, glaubwürdig bleiben.

Wie sieht es mit der Konsequenz bei kleinen Kindern aus, die in der Öffentlichkeit wüten und schreien. Bei Druck von außen – durch Blicke oder Kommentare anderer – knickt man doch schnell ein …

Ihr Kind prüft, ob Sie standhaft sind. Das ist der Elterntest: »Wenn wir an den richtigen Ort kommen, da geht etwas. Da habe ich die Macht und meine Wünsche werden sofort erfüllt. Ich brauche nur laut genug zu schreien.«

Deshalb gilt in der Öffentlichkeit: Wer ist im Moment der Wichtigste? Sind es die Leute, die ich überhaupt nicht kenne, die stehen bleiben und schauen – oder ist es mein Kind? Ganz klar: Ihr Kind natürlich! Wenn es ausflippt, ist es notwendig, dass Sie als Eltern klar bleiben, anstatt etwas »den fremden Leuten zuliebe« zu tun. Ihr Kind muss jetzt spüren: Die Eltern geben Halt, durch den Frust hindurch. Frust gehört zum Lernen. Das ist unsere Lebensschule, durch die gehen wir alle. Daran wachsen wir.

Website der Autorin

www.selbstmarketing.de

Bücher, die weiterhelfen

Persönlichkeit, Zeit- und Selbstmanagement

Berckhan, Barbara: *Einfach selbstsicher!*, Gräfe und Unzer Verlag, München

Byron, Katie: *Lieben was ist. Wie vier Fragen Ihr Leben verändern können*, Goldmann, München

Covey, Stephen R.: *Die sieben Wege zur Effektivität. Ein Konzept zur Meisterung Ihres beruflichen und privaten Lebens*, Heyne, München

Covey, Stephen R.: *Der Weg zum Wesentlichen*, Campus, Frankfurt

Kutik, Christiane: *Entscheidende Kinderjahre. Ein Handbuch zur Erziehung von 0 bis 7*, Verlag Freies Geistesleben, Stuttgart

Nussbaum, Cordula: *300 Tipps für mehr Zeit*, Gräfe und Unzer Verlag, München

Wolf, Doris: *Wenn Schuldgefühle zur Qual werden.* PAL Verlag, Mannheim

Mentaltechniken, Lernen und Weiterbildung

Caspary, Ralf (Hrsg.): *Lernen und Gehirn*, Herder, Freiburg

Loehr, James E.: *Die neue mentale Stärke*, blv Verlag, München

Spitzer, Manfred: *Lernen. Gehirnforschung und die Schule des Lebens*, Elsevier, München

Wolf, Doris/Merkle, Rolf: *So überwinden Sie Prüfungsängste*, PAL Verlag, Mannheim

Entspannung und Stress-Management

Härter, Gitte/Öttl, Christine: *Weg mit dem Stress*, Gräfe und Unzer Verlag, München

Porta, Dr. Sepp/Zagler, Günther: *Gib den Stress-Hormonen, was sie brauchen!*, Kreuz Verlag, Stuttgart

Entscheidungen treffen

Härter, Gitte: *Ja, nein, vielleicht. Entscheidungen leichter treffen*, bw Verlag, Nürnberg.

Preuss-Scheuerle, Birgit: *Entscheide und… gewinne. Schluss mit dem ewigen Vielleicht*, Gräfe und Unzer Verlag, München

Bewegung, Abnehmen und Sport

Berg, Andreas: *Punkten Sie sich schlank! Mehr bewegen, gesünder essen*, Gräfe und Unzer Verlag, München

Buchhorn, Tomas/Winkler, Nina: *Das große GU Laufbuch*, Gräfe und Unzer Verlag, München

Despeghel-Schöne, Michael Dr.: *Fitness für faule Säcke*, vgs Verlag, Köln

Grasberger, Dr. med. Delia: *Autogenes Training*, Gräfe und Unzer Verlag, München

Grillparzer, Marion: *GLYX-Diät. Abnehmen mit Glücksgefühl*, Gräfe und Unzer Verlag, München

Hanna, Thomas: *Beweglich sein – ein Leben lang. Die heilsame Wirkung körperlicher Bewusstheit*, Kösel Verlag, München

Hederer, Markus: *Laufen statt Diät*, Gräfe und Unzer Verlag, München

Trökes, Anna: *Das große Yogabuch*, Gräfe und Unzer Verlag, München

Trökes, Anna: *Yoga zum Entspannen*, Gräfe und Unzer Verlag, München

Wolf, Dr. Doris: *Abnehmen und dabei genießen*, PAL Verlag, Mannheim

Register

Mehr Glück & Erfolg

GU Clever leben – stellen Sie die Weichen auf Erfolg

ISBN 978-3-8338-0162-4
160 Seiten | 14,90 € [D]

ISBN 978-3-7742-7725-0
128 Seiten | 12,90 € [D]

ISBN 978-3-7742-7720-5
128 Seiten | 12,90 € [D]

ISBN 978-3-7742-6676-6
128 Seiten | 12,90 € [D]

ISBN 978-3-8338-0787-9
128 Seiten | 12,90 € [D]

ISBN 978-3-8338-0197-6
128 Seiten | 12,90 € [D]

Clevere Bücher für clevere Leser:

Einsteigen – aktuelle Themen auf den Punkt gebracht

Informieren – erfahrene Autoren geben Rat

Ausprobieren – viele praktische Übungen und Tipps

GU

Willkommen im Leben.

Impressum

Leitende Redaktion:
Anita Zellner
Redaktion:
Esther Szolnoki
Lektorat:
Nina Weber, Essen
Umschlaggestaltung und Layout:
independent Medien-Design
Coverillustration:
Wai / Die Illustratoren corinna hein
Herstellung:
Renate Hutt
Satz:
Uhl + Massopust, Aalen
Repro:
Fotolito Longo, Bozen
Druck und Bindung:
Druckhaus Kaufmann, Lahr

Umwelthinweis
Dieses Buch wurde auf chlorfrei gebleichtem Papier gedruckt. Um Rohstoffe zu sparen, haben wir auf Folienverpackung verzichtet.

ISBN
978-3-8338-0788-6
1. Auflage 2007

Wichtiger Hinweis

Die Beiträge in diesem Buch sind sorgfältig recherchiert und entsprechen dem aktuellen Stand.
Abweichungen, beispielsweise durch seit Drucklegung geänderte Preise, Gebühren, Anlageentwicklungen, WWW-Adressen etc., sind nicht auszuschließen. Weder die Autorin noch der Verlag können für eventuelle Nachteile oder Schäden, die aus den im Buch gegebenen praktischen Hinweisen resultieren, eine Haftung übernehmen.

GRÄFE UND UNZER

Ein Unternehmen der
GANSKE VERLAGSGRUPPE

100 JAHRE GANSKE VERLAGSGRUPPE

DAS ORIGINAL GU MIT GARANTIE

Unsere Garantie

Alle Informationen in diesem Ratgeber sind sorgfältig und gewissenhaft geprüft. Sollte dennoch einmal ein Fehler enthalten sein, schicken Sie uns das Buch mit dem entsprechenden Hinweis an unseren Leserservice zurück. Wir tauschen Ihnen den GU-Ratgeber gegen einen anderen zum gleichen oder ähnlichen Thema um.

Liebe Leserin und lieber Leser,

wir freuen uns, dass Sie sich für ein GU-Buch entschieden haben. Mit Ihrem Kauf setzen Sie auf die Qualität, Kompetenz und Aktualität unserer Ratgeber. Dafür sagen wir Danke! Wir wollen als führender Ratgeberverlag noch besser werden. Daher ist uns Ihre Meinung wichtig. Bitte senden Sie uns Ihre Anregungen, Ihre Kritik oder Ihr Lob zu unseren Büchern. Haben Sie Fragen oder benötigen Sie weiteren Rat zum Thema? Wir freuen uns auf Ihre Nachricht!

Wir sind für Sie da!
Montag – Donnerstag: 8.00 – 18.00 Uhr;
Freitag: 8.00 – 16.00 Uhr
Tel.: 0180-5 00 50 54*
Fax: 0180-5 01 20 54*
E-Mail: leserservice@graefe-und-unzer.de

P.S.: Wollen Sie noch mehr Aktuelles von GU wissen, dann abonnieren Sie doch unseren kostenlosen GU-Online-Newsletter und/oder unsere kostenlosen Kundenmagazine.

GRÄFE UND UNZER VERLAG
Leserservice
Postfach 86 03 13
81630 München
*(0,14 €/Min. aus dem dt. Festnetz)